Einstein's Boss

10 Rules for Leading Genius

爱因斯坦的老板

[美]罗伯特·赫罗马斯（Robert Hromas）
克里斯托弗·赫罗马斯（Christopher Hromas）
———— 著

林子萱
———— 译

九州出版社
JIUZHOUPRESS

目 录
contents

写在前面　i

引　言　爱因斯坦的老板　vi

第一章　识别天才　001
发现团队中潜在的天才，培训并给他们舞台和契机，你就能大幅提升团队的生产力。

天才的形成　006

天才与我们不同　007

天才如何思考　008

识别天才　011

第二章　天才需要引导　017
只有天才并不足以成功，领导力和它所能带来的更广泛的视野同样重要。

大规模的技术优势是不够的　021

为什么天才需要特殊的规则　023

塑造有利于创造力的环境　025

天才不能很好地领导天才　026

管理自我　029

团队凝聚力与个人创造力　030

在飞行员和乘客之间保持平衡　031

规则介绍　032

领导天才的十条法则　034

第三章　规则1：镜子不会说谎　041

面对天才下属，老板最好一开始就诚恳地承认自己智商低。

爱因斯坦和原子弹　044

成功使自我评估更加困难　046

傲慢的警告信号　047

虚假的谦逊　049

欢笑是傲慢的解毒剂　050

赠送礼物以及感谢　052

克服对冲突的恐惧　053

第三条路　054

综合自我反省的方法　055

承认不等于改正　056

用镜子进行自我评估　058

第四章　规则 2：不要挡路　063

不要打搅天才的思考，否则你会感受到智商被碾压的尴尬。

去往华盛顿的爱因斯坦　066
允许新方法　067
将权力与责任结合起来　068
叛乱或冷漠　069
紧握权力的警告信号　070
下放权力的五个障碍　074
在权力受到限制时领导　077
下放权力是什么样子的　078
相信天才　079

第五章　规则 3：闭嘴倾听　083

会倾听的老板才能赢得下属的尊重，而你的团队才可能涌现更高级的能力。

倾听话语的内涵　086
不倾听的代价　088
为什么领导者不倾听　090
权力胜过专业知识　092
如何让掌权者倾听　093
如何判断自己没有在倾听　094
倾听的方法　095

创造性倾听的工具　　098
创造性倾听如何提高生产力　　100

第六章　规则4：将石头翻过来　　103

在天才面前，老板越坦诚，越能受到他们的信任，而信任是协作的基础。

弗莱克斯纳的小九九　　106
欺骗的代价　　108
混乱中的领导　　109
主动进行透明化的革命　　111
透明的好处　　113
透明化的转变　　116
透明度的自我强化　　119

第七章　规则5：炼金术胜过化学　　121

炼金术士更关注"随机性"，让天才下属自由发挥，更有可能发现新原理。

巨人之战：维布伦与爱因斯坦　　124
让共同目标成为团队黏合剂　　126
逆境让团队凝聚在一起　　128
对团队常见的误解　　130
扼杀团队的方法　　132
非线性的团队　　133

打造非线性团队　　134

和你很像的团队会失败　　136

团队本身就是目的　　137

第八章　规则6：不要让过去决定未来　　141

当你第一次拥有天才下属，你从前的经验和教训不足以参考。

弗莱克斯纳知道自己的无知　　144

弗莱克斯纳也有偏见　　146

本能的直觉　　147

怀疑你的直觉　　148

蒙蔽自己　　149

影响决策的偏见　　150

中心偏差　　151

自我服务偏差　　152

锚定偏差　　153

现状偏差　　153

信念偏差　　154

幸存者偏差　　154

确认偏差　　155

我们问的问题对吗　　156

决定与你个人无关　　157

实施决策　　159

消除偏见　　　159

第九章　规则 7：忽略松鼠　　165

当团队走入歧途，引导团队回归正途且不让天才下属感觉被指引，这是老板的职责。

专注于一个愿景会变得更强大　　168

追逐松鼠很有趣　　169

决定不做什么　　170

分心会引起争论　　171

爱因斯坦的关注点　　172

物理学中的白日梦　　173

数十亿美元的干扰　　175

干扰与创新　　176

五个问题来帮助你选择胜利的想法　　177

第十章　规则 8：协调心灵和头脑　　183

天才应该拥有思考任何想法的自由，而这种自由只在温暖和支持的环境中才能获得。

星期五晚上独自一人　　187

天才需要团队　　188

听玛丽的话　　189

爱因斯坦的感情生活　　192

情感环境塑造了天才　　194

内在的一致性　　196

解决内在不和谐的方法　　198

第十一章　规则9：让问题引诱天才　　203

让问题自然浮现，而不是寻找自以为重要的问题，从而激发天才的挑战欲望，这是老板的职责。

以战略眼光为诱饵　　206

个人的诱惑　　209

金钱和动机　　209

发现的诱人快乐　　211

学前艺术培养与工作中的天才一样　　212

无法改变的天才　　214

吸引心灵　　217

第十二章　规则10：与危机和解　　221

天才是自我的，一群天才必然引发冲突和团队危机。优秀的老板应熟知天才性格，并在危机爆发之前就设法干预。

创新的压力　　226

危机会让你盲目　　227

镜像神经元　　228

冷静创造空间　　229

冷静能建立信任　　230

　　　　冷静能提高创造力　　231
　　　　数到240　　232
　　　　自我领导　　235
　　　　价值观锚定规则　　236

后　记　在别人身上看到你自己　　241
致　谢　　243
资料来源及参考文献　　245

写在前面

真希望我第一次担任领导职务时就已拥有这本书。我行事鲁莽，犯了许多让我后悔的错误。作为一名癌症专家、位于盖恩斯维尔[①]（Gainesville）的佛罗里达大学卫生保健系统的医学主席及医师实践计划副主席，我领导着一个由320多名医学教师、50名博士研究员和200名受训医师组成的部门。此外，我还管理着一个设计新型抗癌药物的实验室。我可以自豪地说，我们部门已经在生物技术转让方面创造出10多亿美元的价值。

我必须领导许多学科的专家，包括有机化学家、分子生物学家、介入心脏病学家和激光皮肤科医生。我还管理着数百名非医学科学家，从生物医学工程师到数学家，从生理学家到分子药理学家。我们还支持各种计算机领域的科学家，包括硬件构建人员、

---

① 美国东南部佛罗里达州中北部的城市，佛罗里达大学所在地。——译者注

软件程序员、网络安全专家和信息分析人员。我们的团队包括记者、质量专家、心理学家、市场营销人员、会计师和在中央行政部门工作的工商管理硕士（MBA）。所有与这些非常聪明的专家打交道的经验告诉我，天才不会以同样大小或形状出现，也不会在一种职业中比在另一种中发现得更多。在我们的团队中，有数百名人员具有天才的火花，他们精通多种学科。我可以肯定的是，这群令人印象深刻的天才需要新的领导规则。

我所面临的挑战包括在单个组织中管理精通不同领域的天才们，将先进的方法应用到实践中，以及达成有意义的结果。我工作中最困难的部分是让我团队中所有优秀的人共同工作。大多数天才认为他们自己最了解需要什么，并倾向于朝着自己的方向前进，但这可能意味着什么也做不成。经验告诉我，管理天才不同于其他类型的领导，而且更为复杂。好处是，如果你能让天才们很好地合作，你就能改变世界。

医生兼医院质量专家鲍勃·莱弗伦斯（Bob Leverence）曾说："领导天才就像领导一支由将军组成的军队。"诚哉斯言。天才拥有别人无法看见的洞察力。天才在本质上具有独到的思维能力。想要有创造力，天才必须享受思想上的孤独。天才习惯于走自己的路。我们部门里那些杰出的计算机科学家、医生和分子生物学家不喜欢认为是我在领导他们，他们喜欢与我互不干扰。纵观历史，天才们都是在孤独的心灵中取得巨大的成就。

今天，技术驱动着成功的组织。经济学家罗伯特·索洛[①]（Robert Solow）曾获得诺贝尔经济学奖，因为他认识到，每一次重大的经济扩张与其说来自劳动力或基础设施的扩张，不如说是来自先进的技术。这种经济扩张的引擎被称为索洛剩余（the Solow Residual）。基础设施和劳动力的增长仅占美国经济产出增长的15%。索洛剩余构成了其余的部分，占20世纪美国经济增长的85%。

技术创新需要非常聪明的人。那些推动技术进步的人可以超越知识的极限。他们不仅仅是突破现有知识的边界，而是创造巨大的飞跃。过去，最聪明的人在大学工作；如今许多顶尖科学家和工程师在上市公司工作（即便不是大多数），这些公司生产最具创新性的产品，并推动经济扩张。工程、计算机和生物医学科学的创新速度如此之快，以至于技术一被发明就已经过时了。如果你还没有发明下一个新事物，你就会被淘汰。随着当今科技的巨大进步，在这个竞争激烈的环境中，有效地领导天才对于提高生产力至关重要。

技术进步需要许多天才共同努力，因为大多数技术都涉及太多的构件，需要综合许多不同领域的知识。进步需要太多领域的专业知识，这不是一个人的力量能实现的。问题在于，大多数天才天生就不具有团队精神。通常，他们超群的智力使他们在童年时就形单影只。他们喜欢用自己的方式，按照自己的节奏来解决

[①] 罗伯特·索洛，美国经济学家，获得1987年诺贝尔经济学奖。——译者注

问题。

比尔·盖茨和埃隆·马斯克[①]（Elon Musk）是技术创新领域的标志性人物和引人注目的领导者。他们都是天才，但他们也是天才中的例外。一般来说，我们很少听说大多数高科技项目领导者的名字，因为他们不是做出发现的人。天才的领导不会获得诺贝尔奖，不会获得专利，也不会在会议上发表演讲展示自己的突破。他们是在幕后操控的人，而天才在领奖台上接受掌声。

虽然天才能吸引公众的注意力，但领导天才对实现技术进步同样重要。只有天才对成功来说是不够的。一个强大的领导者通过关注团队，最小化障碍，认清目标，让其他人分享愿景，决定新发现的最佳应用，从而使工作良性运转。

在过去的几十年里，我不断摸索，掌握了许多领导天才的方法。我上过的管理课程中，没有一门涉及领导优秀人才的主题。我发现，当涉及管理聪明的人时，普遍被接受的领导原则往往不适用。作为一名管理者和科研团队的一员，我对可能出现的问题和成功领导天才所需的领导方式有着独特的视角。我把我所学到的经验总结成十条实用的规则，并实施和检验了多年。我和儿子在本书中详述了这些规则。

多年来，当我面临着具有挑战性的领导场景时，我很好奇，成为爱因斯坦的老板，负责领导一个被认为是他那个时代最杰出的天才的人，会是什么样的感觉。我很高兴地发现，新泽西

[①] 埃隆·马斯克，企业家、工程师、慈善家，现任特斯拉公司首席执行官。

州普林斯顿大学高等研究院（the Institute for Advanced Study in Princeton, IAS）的创始人亚伯拉罕·弗莱克斯纳[①]（Abraham Flexner）按照我最终制定的十条规则管理着一个由国际知名天才组成的团队。《爱因斯坦的老板》是我个人经历的产物，以商业世界中的创新、成功、错失的机会和失败为案例，以弗莱克斯纳非凡的远见及从与他共事的天才身上取得最大收获的能力为故事背景。当你将我的**领导天才的十条法则**付诸实践时，你会发现创造力和生产力都有了显著的提高。这些策略对我很有效，同时我也知道，它们会让你成为一个高效的领导者。

《爱因斯坦的老板》会让你了解领导天才的复杂性，书中的见解能够帮助你避免孤立团队中的优秀人才，书中的策略能够培养团队精神和建立团队共同目标，最重要的是书中还提供了我的十条规则作为指导方针。

罗伯特·赫罗马斯

于马里兰州

[①] 亚伯拉罕·弗莱克斯纳（1866—1959），美国教育家，曾推动20世纪美国和加拿大的教育和医疗改革。——译者注

引言
爱因斯坦的老板

可能你不知道爱因斯坦的老板是谁。当爱因斯坦来到美国工作时，他是向亚伯拉罕·弗莱克斯纳汇报工作的。弗莱克斯纳是一位伟大的管理者，但不是天才。他最初是一名中学教师，没有博士学位，既不是物理学家，也不是数学家。他从未写过一篇学术论文。

阿尔伯特·爱因斯坦[①]是普林斯顿高等研究院（以下简称IAS）首批聘用的学者之一。爱因斯坦的到来立刻让这个新成立的研究中心声名大噪。如果没有弗莱克斯纳，爱因斯坦就不会来这个研究院，如果没有爱因斯坦，IAS可能就会衰落。在二十世纪

[①] 阿尔伯特·爱因斯坦（1879—1955），犹太裔物理学家，相对论的创始人，于1921年获诺贝尔物理学奖。——译者注

三四十年代，弗莱克斯纳让爱因斯坦成为 IAS 的形象代言人。很快，其他十几位杰出的数学家和物理学家也加入了进来，这样，弗莱克斯纳就能够将他们塑造成一个有凝聚力的团队。

IAS 培养了 33 位诺贝尔奖得主、38 位美国最佳数学家奖项得主以及不可胜数的沃尔夫奖①（the Wolf Prize）和麦克阿瑟奖②（the MacArthur Prize）得主。弗莱克斯纳组建的这个天才团队创造了一部分 20 世纪最伟大的科学进步。学院给杰出的科学家们发挥创造力的自由，但总要有人确保每个人都能得到薪水，确保冬天能够取暖，确保灯开着，确保如此多样化的天才群体能够团结一致，实现特定的目标。这个人就是亚伯拉罕·弗莱克斯纳，爱因斯坦的老板。

弗莱克斯纳将 IAS 建成了有史以来最伟大、最多产的科学团体之一。弗莱克斯纳不像爱因斯坦那么聪明，他知道，这是与天才打交道时的一个重要特点。无情的自我评估帮助弗莱克斯纳建立了一支成功的团队。

他坚持认为人先于砖瓦建筑而来，对与他共事的人很慷慨。他将资金投入到提供当时最高的薪水和终身教职上。拥有终身教

---

① 沃尔夫奖主要是奖励对推动人类科学与艺术文明做出杰出贡献的人士，每年评选一次，分别奖励在农业、物理、化学、数学、医学领域做出卓越贡献的科学家，或者在建筑、音乐、绘画、雕塑四大项目中取得突出成绩的人士，奖金 10 万美元。其中以沃尔夫数学奖影响最大，因为诺贝尔奖中没有数学奖。——译者注
② 麦克阿瑟奖是由麦克阿瑟基金会颁发的一个奖项，是美国文化界的最高奖。每年有代表性地奖励 20 至 40 名美国人，该奖是颁发给那些在各个领域、不同年龄"在持续进行创造性工作方面显示出非凡能力和前途"的人。——译者注

职的科学家们不承担教学责任，因此可以自由地把时间花在研究上。他为教授们设立了养老金，这在大萧条时期是闻所未闻的，他打赌在养老金到期之前经济会好转。他为他的科学家们冒了很大的风险，当第一批养老金需要支付时，他管理的捐赠金却无法支付每月的支票。为了弥补差额，他不得不参加为养老金募集慈善捐款的晚宴。

弗莱克斯纳极富同情心和耐心。当弗莱克斯纳组建团队时，希特勒即将上台。他向德国物理学家赫尔曼·威尔（Hermann Weyl）提供了一个职位，后者的妻子是犹太人。威尔拒绝了弗莱克斯纳的提议，选择留在自己的祖国德国。当希特勒开始有计划地屠杀犹太人时，威尔才意识到他犯了一个可怕的错误。他被诊断为抑郁症，并在瑞士一家精神病研究所住院治疗。弗莱克斯纳在威尔康复期间又向他抛出了橄榄枝。于是，威尔和妻子逃离了德国，他加入了IAS，与爱因斯坦共事。弗莱克斯纳察觉了威尔的隐情，并在他情绪波动时陪伴他。即使在威尔拒绝了他之后，弗莱克斯纳也满足了威尔的需要。

弗莱克斯纳认识到，每个人的动机是不同的，并为不同的天才量身定制招募方式。IAS的另一位新成员、创新经济学家爱德华·厄尔（Edward Earle）患有肺结核。弗莱克斯纳认为厄尔是一位杰出的经济学家和品格高尚的人。当厄尔病情很重，所以其他大学都不愿雇佣他时，弗莱克斯纳向他提供了IAS的一个职位。厄尔花了几年时间才康复，但当他康复后，就加入了爱因斯坦和威尔的团队。他努力工作以推动经济学发展，因为他对这个机会心存感激。厄尔经常调解 IAS 天才们复杂且偶尔暴躁的性格之间的冲突。弗莱克斯纳在厄尔的健康危机中表现出的同情心换回了他不可动摇的忠诚。

当弗莱克斯纳刚开始创办 IAS 时，他专注于核心工作即数学和物理学。后来他又增加了经济学和历史学。即使在今天，IAS 也只有四个系——数学、历史研究、社会科学和自然科学。与擅长许多领域相比，他更希望在一小部分领域达到世界领先。这种专注的方法是创新的关键一步，因为进步是在知识的极限取得的，而不是在中间位置——在那里所有人都知道你知道的事情。创新的关键是纵向挖掘，而不是横向展开。一位化学家曾经告诉我，如果我想解决一个棘手的问题，我需要用一颗钉子敲穿它，而不是用大锤——焦点越窄，穿透的深度就越大。

弗莱克斯纳建立起人才访问的制度，让大量天才得以访问 IAS 并与那里的教师互动，并评价其工作。他想要新鲜的思想流动起来，这样固定的教师队伍就不会变得迂腐或自满。他聘请的顾问科学家包括诺贝尔奖得主尼尔斯·玻尔[①]（Nils Bohr）、约翰·冯·诺依曼[②]（John Von Neumann）和保罗·狄拉克[③]（Paul

---

[①] 尼尔斯·玻尔（1885—1962），丹麦物理学家，获 1922 年诺贝尔物理学奖。——译者注
[②] 约翰·冯·诺依曼（1903—1957），20 世纪最重要的数学家之一，科学全才，被后人称为"计算机之父"和"博弈论之父"。——译者注
[③] 保罗·狄拉克（1902—1984），英国物理学家，量子力学的奠基者之一，获 1933 年诺贝尔物理学奖。——译者注

Dirac）。

弗莱克斯纳支持用新方法解决旧问题。他鼓励人们探索全新的领域，而这些领域的问题还没有形成。他把物理学家、经济学家、数学家、历史学家和考古学家召集在一起，希望他们能互相激励，成就伟大，他们做到了。例如，当杰出的物理学家冯·诺伊曼在访问团队并留下来全职工作后，他着迷于早期的计算机，开始在自己办公楼的地下室里建造一台电脑。弗莱克斯纳没有提醒他，他是一个理论物理学家，而不是一个摆弄真空管的电工。弗莱克斯纳任由冯·诺依曼改进他的项目，结果，世界上第一台有内存存储的计算机诞生了。

在 IAS 成立之初，弗莱克斯纳在所有重大决策上都征询了教授们的意见，尤其是在招聘方面，因为他本人并不是科学家，而且他重视团队的意见。他定期召开教职工会议，讨论新方向以及出现的困难。他平易近人，懂得倾听。

弗莱克斯纳塑造了他想要的那种精英文化。学术职位的定义是成就而不是社会地位。他打破了许多社会障碍，雇用了最优秀、最聪明的人，而不考虑他们的背景。在美国大学里反犹太主义盛行的时期，IAS 的许多教授都是犹太人。他还打破了性别障碍。他聘请考古学家海蒂·戈德曼[①]（Hetty Goldman）担任终身职位，而当时还没有聘用女性担任终身教授的先例。

[①] 海蒂·戈德曼（1881—1972），美国考古学家。她是 IAS 的第一位女教授，也是在希腊和中东进行考古发掘的第一位女考古学家。——译者注

他组建了一个由杰出人才组成的非凡团队，因为他没有让先入为主的适合程度成为障碍。他慷慨大方，不顾社会传统，聘用了最聪明的人，创造了一个让人们可以不受既定的创造力衡量标准约束的环境。

我提出的领导天才的法则在许多方面与弗莱克斯纳如何创办和管理 IAS 相一致。下面这些**领导天才的十条法则**，将让你拥有特殊意识和技能，带领杰出人士实现划时代的突破：

1. 镜子不会说谎。
2. 不要挡路。
3. 闭嘴倾听。
4. 将石头翻过来。
5. 炼金术胜过化学。
6. 不要让过去决定未来。
7. 忽略松鼠。
8. 协调心灵和头脑。
9. 让问题引诱天才。
10. 与混乱和平共处。

爱因斯坦的老板

Einstein's Boss:
10 Rules for Leading Genius

第一章　识别天才

弗莱克斯纳年轻时是教育家，这段经历让他得以深入了解天才的特性。弗莱克斯纳的父亲莫里茨是一位帽子商人，在1873年的金融危机中遭遇了生意失败。在随后的日子中，不论从经济上还是情感上，他都没能从这次打击中恢复过来，也无力负担孩子们的教育费用。弗莱克斯纳的哥哥雅各布开了一家药店，他替弗莱克斯纳支付了约翰·霍普金斯大学（Johns Hopkins University）的学费。在约翰·霍普金斯大学，弗莱克斯纳开始思考原始的智力是否需要教育才能成为天才。

虽然弗莱克斯纳想继续在约翰·霍普金斯大学读研究生，但他没拿到奖学金，无力支付学费。因此，他不得不回到家乡，肯塔基州的路易斯维尔。他在那里教书，随后开办了一所男子大学预科学校。和他哥哥资助他上学一样，弗莱克斯纳资助了弟弟西蒙和妹妹玛丽就读布尔茅尔学院（Bryn Mawr）的学费。弟弟西蒙后来成了世界著名的医学病理学家。

在路易斯维尔预科学校，弗莱克斯纳发现，威胁和强迫对于激励学生收效甚微。学生们的智力水平并没有什么改变。他开始相信，如果学生可以按照自己的喜好自由地努力，他们就会为自己而学习。因为对他们来说，获得信息比取得好成绩更重要。

弗莱克斯纳随即改变了学校的管理模式——"没有规矩，没有考试，没有记录，没有报告。"他的学生反而开始熬夜用功，就连周末也利用额外时间学习。当学生们在大学入学考试取得优异成绩时，他知道先前的理论是有效的。弗莱克斯纳使他的学生成了常春藤联盟的有力竞争者。这必然与他对教育的热情有关，但更重要的一点是，他决定给予学生教育自主权，关注学习本身，而不是考试。

弗莱克斯纳希望用自己的理念进行教育改革，但为了养家糊口，他不得不留在路易斯维尔。如果不是他的妻子安妮·克劳福德[①]（Anne Crawford），他可能会永远困在那里，也就不会有IAS的创立了。在参加路易斯维尔女性作家圈的聚会时，安妮听到了爱丽丝·赖斯[②]（Alice Rice）讲的一个故事：一个贫穷的寡妇，尽管十分乐观，却在养家糊口的过程中不断遭受厄运。安妮将这本书改编成剧本，取名为《卷心菜地的维格斯夫人》（*Mrs. Wiggs of the Cabbage Patch*）。这出戏剧于1904年在百老汇长期上演，并被拍成一系列电影。安妮第一年就赚了15000美元版税，这在当时是一笔不小的财富。

[①] 安妮·克劳福德（1874—1955），美国编剧。——译者注
[②] 爱丽丝·赖斯（1870—1942），美国小说家。——译者注

在 39 岁那年，弗莱克斯纳终于可以在全国范围内推行他的大学和研究生教育改革计划。他卖掉了预科学校，与妻子和女儿简搬到了马萨诸塞州的剑桥。他在那里的哈佛大学拿到了硕士学位。随后，他们一家用两年时间游历欧洲的各个大学。无论他们走到哪里，安妮作为剧作家的名声和她与生俱来的魅力都为弗莱克斯纳敲开了社会各界的大门。如果没有安妮，弗莱克斯纳永远也无法进入那些圈子。通过安妮，弗莱克斯纳结识了许多美国和欧洲的知名作家和思想家。

弗莱克斯纳和他的家人被吸引到了柏林，那时柏林是世界科学活动的中心。柏林大学拥有最高质量的教育水平。他旁听了一些著名科学家的讲座，这些科学家启发了他，让他在后来的职业生涯中形成了鲜明的个人特征。他仰慕的德国知名心理学家卡尔·斯图姆夫（Karl Stumpf）能把最复杂的话题描述得既清楚又令人兴奋。多年后，爱因斯坦说道："如果你无法向一个六岁的孩子解释一个概念，你就没有完全理解它。"

另一位柏林教授、才华横溢的社会学家乔治·齐美尔（George Simmel）思维敏锐，总是能从一个话题跳转到另一个话题。他谈及的每一个话题都让弗莱克斯纳耳目一新。弗莱克斯纳由此得出结论，当工作变成一场游戏时，聪明人知道自己处在正确的位置。对弗莱克斯纳来说，天才的共同特征包括严谨而又天马行空的思维，能够让复杂的事情变得可以理解，并探索新的天地。

天才的形成

弗莱克斯纳认为,将天才放在合适的教育和环境中,他的才华才会闪光。许多社会学家都同意这一观点。爱因斯坦高中数学不及格,大学勉强毕业,就是这一现象的典型例子。直到快三十岁时,他开始从事理论物理学的工作,才发现一些令他着迷的东西,而这唤醒了他与生俱来的深刻智慧。

佛罗里达州立大学的心理学家安德斯·埃里克森[①](Anders Ericsson)提出了天才的 10 年法则:"许多曾被认为反映内在天赋的特征,实际上是经过 10 年的高强度练习后形成的。埃里克森认为,长时间专注、刻意的练习可以让潜意识转化为长期记忆,从而产生非凡的创造力。

当我和我所在领域的天才谈论他们的重大发现时,他们从来没有告诉我那有多难。相反,每个人都告诉我这多么有趣。乔治·夏拉巴[②](George Scialabba)在《哈佛杂志》(*Harvard Magazine*)上发表的格言被错误地归功于爱因斯坦:"创造力是智慧在寻找乐趣。"我认识的天才们都认为他们的工作很有趣,这让我得出结论,一个天生聪明、勤奋的人在成为天才之前可能还需要一个因素。这一额外的元素是一种内心的快乐,它催化天才集中精力于一个领域,按照流行的说法,是练习一万小时。无论你把快乐定义为乐趣、

---

① 安德斯·埃里克森(1947—),瑞典心理学家,曾出版《刻意练习》。——译者注
② 乔治·夏拉巴(1948—),自由书评家,现居美国马萨诸塞州剑桥市。——译者注

兴奋还是惊奇，我遇到的每一个天才的内心都有同样的火花。

天才与我们不同

我们无法与天才很好地沟通，因为他们的想法与我们不同。当他们在解决问题时，他们集中精神的强大力量将自己与他人隔离开来。根本上来说，他们的思维过程是个人主义的，并且独一无二。领导一个比你更聪明的人最具挑战性的一点，就是说服对方，让他觉得他需要参与团队合作。

除了自己的领域外，大多数天才还精通其他几个领域。天才具有非凡的一般智力，这使他们能够理解和享受自己专业领域之外的许多课题。我曾观察到天才们敏捷地从一个主题转向另一个主题，建立起我几乎无法理解的联系。

聪明的人天生的好奇心会让他们痴迷。天才就是把自己沉浸在问题中，直到找到明显的解决办法。天才可以冲破复杂的迷雾，看到别人看不到的事情。天才喜欢看到每件事都协调一致。他们能够跳出条条框框，理解其他领域的工作原理，使他们能够解决困难问题，取得巨大飞跃。而相对劣势是，聪明的人会被任何引起他们注意的想法分神。

大多数天才都有狂热的爱好。天才掌握一种爱好，就像他们精通自己的领域一样。爱因斯坦是莫扎特专家，欣赏莫扎特音乐中复杂而又紧密相连的精确性；拿破仑棋艺精湛；玛丽·居里[①]（Marie Curie）是一名长距离自行车运动员，她在骑行中回顾在实验室中遇到的问题。

天才看待世界的方式与我们不同。极其聪明的人，他们对无法解决的问题有着超然的洞察力，他们的思维水平比我们要高。天才能看到我们看不到的东西，并质疑我们的假设。他们建立新的联系，给词汇添加新的含义。

天才打破常规，跳离现状。我们大多数人对天才感到不舒服，不是因为天才通常不善交际，而是因为他们挑战了现有的世界和我们在世界中的地位。简而言之，天才颠覆了我们的幻想。天才否定了我们自以为知道的东西，并以更真实的存在观取而代之。

天才痴迷于一件事情，直到解决方案变得显而易见。当一个天才全神贯注时，问题就变成了他们正在探索的一片想象的疆土。当沉迷工作时，天才们很难设身处地为别人着想，从另一个角度看待世界。由于交流取决于双方互换观点，因此试图与天才交流可能会令人沮丧。

天才如何思考

回顾历史上的天才揭示了他们的思维过程的共同特征，无论

[①] 玛丽·居里（1867—1934），著名物理学家、化学家。由于对放射性的研究和发现新元素钋和镭而成为世界上第一个两获诺贝尔奖的人，世称"居里夫人"。——译者注

他们的专业领域是什么。他们的思想在许多领域和想法中迂回曲折，他们从许多角度尝试解决问题。他们的想法并不会如人们所预料的那样从一个转向另一个。

康奈尔大学物理学家亚历克斯·科温（Alex Corwin）听过诺贝尔物理学奖得主理查德·费曼[①]（Richard Feynman）讲述他的重大发现。他注意到，费曼最重大的突破是突然出现的，先前没有任何征兆。它们是不可预测的，就连费曼也花了一段时间思考其中的原委，经过费曼的解释，它们便看起来很简单了。费曼的发现很优雅，但并不明显。其他人就不会得到同样的发现。"费曼看到了其他人没有看到的东西。"科温说。

当一个领域的专家第一次听到一项创新的细节时，他们往往会拍着额头说，原来如此。但除了天才，没有人看出其中的联系。这一发现只有在经过他们的解释之后才会变得明显。天才的突破是简单且优雅的，但简单并不意味着显而易见。

爱因斯坦说："任何聪明的傻瓜都能让事情变得更宏大更复杂。走向相反的方向需要天赋，以及巨大的勇气。"

爱因斯坦确实问过："我的方程是因为真实所以美丽，还是因为美丽所以真实？"他不想让方程式的优雅蒙蔽他的双眼，让他看不到它们的准确性。

当一个问题摆在我们大多数人面前时，我们会回想过去所学

[①] 理查德·费曼（1918—1988），美籍犹太裔物理学家，加州理工学院物理学教授，1965年诺贝尔物理学奖得主。——译者注

到的东西，发现与当前问题的相似之处。我们选择相关的经验作为解决问题的指南。教育家将这种经典的思维过程称为"启发式思维"（heuristic thinking），这种思维在大多数情况下都是有效的，因为它快速而简单，但只能够产生增量效果。

相比之下，天才的思维超越了以往经验的局限。更准确地说，他们的思考能够超出手电筒照明的范围。手电筒发出的光决定了我所看到的，但天才并不局限于此。天才梦想着被手电筒照亮之外的世界。

德国哥廷根的一群数学家发明了四维几何，爱因斯坦用它来定义空间和时间的相对关系。令数学家们感到惊讶的是，爱因斯坦运用他们的发明取得了他们没有取得的进步，爱因斯坦能够看到他们没有想到的可能性。

加州大学戴维斯分校校长迪安·西蒙顿（Dean Simonton）在《科学天才》（Scientific Genius）一书中写道，所有的天才都始于一些想法的结合，这些想法可能与当前的问题完全无关，但却能带来创新的解决方案。天才的全部工作就是对各种思想的不断融合，直至产生发现。

天才可以看到隐藏的关系，他们经常直观地定义这些关系，而不是用数字或公式。有机化学家 F. A. 克库勒（F. A. Kekulé）梦见六条蛇围成一圈，互相咬着尾巴，醒来时脑子里就想出了苯的结构。尼古拉·特斯拉[①]（Nickola Tesla）发现了太阳东升西落的联系，并设想了一种交流电机，即磁极在发动机内部旋转。

天才可以非常多产。爱迪生拥有1093项专利，并设定了每十天完成一项发明的目标。巴赫每周写一首康塔塔[②]（cantata），爱因斯坦除了在相对论方面的开创性工作外，还发表了248篇论文。

当然，并非每个天才的产出都能够改变世界。天才可以创造出大量没有价值的创造性工作。巨大的产出中只开采出几颗钻石，在爱迪生的一千项专利中，只有一项是电灯。

识别天才

了解天才思考的方式十分重要，这样你才能识别出天才。天才是罕见的，而且常常不易发现。在你的组织中，可能有一个潜在的天才，他只是需要合适的火花来达到卓越的智力水平。如果你能发现一个潜在的天才，并在进一步的培训或新的任务中为他提供合适的火花，你就能极大地提高团队的生产力。

当你面试新人，尤其是没有任何成就记录的年轻人时，要想从中发掘天才，让你的团队从优秀走向卓越十分困难，但也是至关重要的。一天下午，我面试了六名来应聘我团队中一个职位的

[①] 尼古拉·特斯拉（1856—1943），塞尔维亚裔美籍发明家、机械工程师、电气工程师。——译者注
[②] 康塔塔，多乐章的大型声乐套曲。原意指声乐说唱的乐曲。后演变成包括独唱、重唱及合唱，由管弦乐队伴奏，各乐章具有一定的连贯性。——译者注

生化学家。我的目标是找到项目关键问题的解决者，即这些候选人中最聪明的人。

面试求职者时，我的第一个冲动就是雇用像我这样的人。在这群候选人中，有一个和我很像的人，他的名字叫杰克。杰克在印第安纳大学（Indiana University）上学，我以前在那里工作。我认识他的教授，他们告诉我，杰克比任何人都先到实验室，而且干得很卖力。他的成绩很好。

杰克喜欢的事情我也喜欢。他喜欢在深夜跑步，读悬疑小说，看大学橄榄球赛。他有两个女儿，并不顾妻子的劝告，把两个小女孩给宠坏了。他很容易被逗笑，尤其是听了我的笑话以后。他通过更加努力的工作来解决问题。面对逆境，他加倍努力，永不放弃。

我知道和杰克共事会很舒服，因为他思考的方式和我一样——逻辑性、渐进性和重复性。天才不会那样思考。如果我想找个朋友一起工作，杰克是最合适的人选。

任何团队都需要像杰克这样的人。世界上许许多多的杰克通过做所有别人不想做的小而费力的工作让团队凝聚在一起。事实上，10年后，杰克很容易就能够爬到我的位置，领导团队。杰克和我一样，也就是说他绝对不是天才。

我还面试了一位叫吉尔的女士，她立刻引起了我的反感。她没听懂我的笑话。当我讲了一个笑话时，她只是用困惑的眼神盯着我。我的笑声渐渐尴尬地消失了。

为了打破僵局，我只好换了一些传统的面试问题："你人生中面临的最大挑战是什么？你是如何克服的？"

为了回答这个问题，她谈到了三种毫无关联的生活经历，其中大部分都是私人经历，比如车被偷了，恰好笔记本电脑在后备厢里。她的兴趣不是学术，因为大学和研究生院很无聊。她的成绩一般，刚好够拿奖学金。

我面试她的唯一原因是她的GRE成绩接近满分，尽管她的研究生专业是生物化学，但她发表了一篇关于统计学的论文。她没有上一所主流的研究型大学，而是上了一所天主教学院。虽然她是犹太人，但仍选择了这所学校，因为他们有很棒的中世纪文学课程，她想选修那个领域的课程。她热爱哲学和虚拟电脑游戏。

她为角色扮演游戏专门配置了自己的笔记本电脑，我由此意识到她失去笔记本电脑是多么痛苦。我必须承认，这个小小的洞见给了我一种胜利的感觉，因为面试的过程令人痛苦。

她会突然停下正在说的内容，保持沉默。她不粗鲁，声音也不刺耳，但她对问题的回答离题太远了。她从一个话题跳到另一个话题。我一直引导她回到我问的问题上，这样我就可以填写评估表，但她一直在回答一个稍微不一样的问题，一个她更感兴趣的问题。

吉尔和我完全不同。我知道和她一起工作将会是一个挑战。这对我来说会很不舒服，但她没有意识到我们之间的尴尬。她永远不会有我这样的社交礼节。

我意识到,如果我想找一个能解决阻碍我们团队的问题的人,吉尔比杰克更适合。吉尔以更直观和诗意的方式思考。她可以同时在脑子里思考很多不相干的事情,中世纪诗人和计算机应用程序之间的联系自然而然地在她的脑海中出现。

吉尔在她专业以外的领域工作效率很高。每当她对一个新话题感兴趣时,她就会全身心地投入其中,直到成为一名专家。她可能一连好几个小时沉浸在一个问题中,甚至没有意识到自己已经忘记了吃饭或睡觉。

你必须睁大眼睛才能识别出天才。你可能会错过他们,因为他们与你不同,并且他们可能会让你不舒服。你可能会因为无法与他很好地沟通而错过一个天才。要想识别出天才,我必须克服要求对方能与我沟通并让我感觉舒服的需求。

最后,两个人我都雇用了。杰克需要吉尔来解决问题,吉尔需要杰克去做那些让实验室运转良好的无聊的事情。我学会了问自己六个关于候选人的问题,来评估他们是否有可能成为我们团队所需要的天才。这六个问题将帮助你识别天才的思维方式:

- 应聘者是否能够平行思考而不是直线式、孤立式地思考?电流可以以线性串联或并联的方式运行,同时有多个路径。候选人一次只能思考一件事吗?或者,即使概念是矛盾的,他也可以同时在脑中思考多个概念?当其他人都认为质量和能量无关时,爱因斯坦能够把它们联系起来。除非一个候选人能同时思考多个看似矛盾的观点,否则他将无法看到这些观点背后的联系,尽管其他人认为这些观点毫无关联。

- **潜在的团队成员是否精通多个领域?** 列奥纳多·达·芬奇[①](Lenardo DaVinci)不仅是历史上最有天赋的艺术家之一,还是一个富有创造力的梦想家。他有自己的想法,画出了直升机、坦克、太阳能、计算器和板块构造理论的草图。

  除了是开国元勋的身份以外,本·富兰克林[②](Ben Franklin)还是一位发明家和科学家,他的研究成果影响了物理学和电学的发展。他发明了避雷针、双焦眼镜、第一座公共图书馆和里程表。爱因斯坦同时也是一位古典小提琴家,写过几篇关于莫扎特的文章。

- **他们是否专注于他们所面临的问题?** 他们是否沉迷于寻找答案或实现目标?他们是否带着兴奋的心情迎接挑战,并在这个过程中找到快乐?

- **他们对问题的解决方案是否让人意想不到,但又很简单?** 他们是否从不同的角度看待问题?他们能跳出思维定式吗?他们能用简单的方式表达复杂的思想吗?

- **他们的工作效率高吗?** 除了在工作上取得成功之外,他们是

---

① 列奥纳多·达·芬奇(1452—1519),意大利著名艺术家,欧洲文艺复兴时期的代表人物,代表作《蒙娜丽莎》《最后的晚餐》等。——译者注
② 本·富兰克林(1706—1790),美国政治家、物理学家、文学家、外交家,美利坚开国三杰之一。——译者注

否有其他领域的爱好和兴趣来激发他们的创造力？

- **他们在意工作中的精确性吗？** 我常常看不出一个天才是否精确，因为我不了解他的工作内容。但我能看出一个人是否在乎精确。天才们对自己所在领域的粗心大意几乎无法容忍，但他们却会忘记最平常的事情，比如交电费。

我用这些问题来识别每一组候选人中的天才。当你在招聘新员工或评估现有团队中的员工时，用这些问题来识别优秀的人才。当然，天才是罕见的。对于任何团队来说，发现并招募一个天才都是一项重大的成就。如果你能发现天才并创建一个有效的团队，你就能取得别人不敢想象的进步。

一旦你找到并雇用了天才，你就必须知道如何有效地与他们共事。你可能会认为，与杰出人士共事会减少领导问题，而不是放大问题。毕竟，一个天才可以看得更远、更深刻，更容易取得突破。但领导天才需要特殊的策略。下一章将讨论领导天才所面临的挑战，并让你了解建立具有凝聚力和生产力的团队需要做的事情。

爱因斯坦的老板
Einstein's Boss：
10 Rules for Leading Genius

第二章 天才需要引导

你不能只是去找一个天才，然后告诉她，"去发明一些东西，然后赚钱"。发明探索并没有单一的途径，因此天才需要引导。一个领导者不能强制要求发明或者发现，因为发现是有概率的，并且有自己的发展规律。

有时候突破来自一心一意的坚持。威廉·肖克利①（William Shockley）在贝尔实验室②（Bell Labs）工作了十多年，他的目标是制造出第一个硅晶体管，以取代笨重的真空管。他驳倒了理论，但无法提出一个可行的模型。他把沃尔特·布拉顿③（Walter Brattain）和约翰·巴丁④（John Bardeen）叫来负责工程和开发。他们在这个项目上干了两年才成功。他们制造出世界上第一只晶

---

① 威廉·肖克利（1910—1989），物理学家，因对半导体的研究和发现了晶体管效应，与巴丁和布拉顿分享了1956年度的诺贝尔物理学奖。——译者注
② 贝尔实验室于1925年成立，成立以来在通信系统、产品、元件和网络软件方面的发明专利多达两万五千多项，累计获得8项诺贝尔奖。——译者注
③ 沃尔特·布拉顿（1902—1987），美国物理学家，长期从事半导体物理学研究，发现半导体自由表面上的光电效应。——译者注
④ 约翰·巴丁（1908—1991），美国物理学家，因晶体管效应和超导的BCS理论两次获得诺贝尔物理学奖（1956、1972年）。——译者注

体管，使笔记本电脑和智能手机成为可能。肖克利、巴丁和布拉顿用了12年专注于实现这项发明，因此获得了1956年的诺贝尔奖。

在其他案例中，发现是偶然发生的。珀西·斯宾塞[1]（Percy Spencer）当时在雷神公司[2]（Raytheon）为美国国防部研发雷达。当他测试微波发射器时，他发现口袋里的巧克力融化了。斯宾塞本可以忽略掉融化的巧克力，但他立刻意识到所发生的事情的含义。从他对融化的巧克力的观察中，微波炉诞生了。

领导可以通过理解新发现的最佳应用来支持天才。珀西·斯宾塞的老板劳伦斯·马歇尔[3]（Laurence Marshall）并没有足够重视微波炉的发明。带领公司经历了二战之后，他意识到战争的结束将导致国防开支大幅减少，而国防收入是公司的主要收入来源。经济环境在变化，需要技术进步来保持公司的灵活性。他急切地想找到另一种赚钱的方式。

关于雷神公司未来发展方向的讨论非常激烈。斯宾塞利用电子微波加热食物的想法只是众多提议中的一个。雷神公司的工程师们都知道他们的公司正面临生存威胁。他们一直在努力发明一种可以推向市场的先进技术。

---

[1] 珀西·斯宾塞（1894—1970），美国物理学家、发明家，因发明微波炉而闻名。——译者注
[2] 雷神公司为美国大型国防合约商，于1922年成立，在国防和商务电子、商用和特殊任务飞机及工程与建筑方面处于行业领先。——译者注
[3] 劳伦斯·马歇尔，雷神公司创始人之一。——译者注

尽管面临选择其他发展方向的巨大压力，马歇尔还是从许多概念中选择了微波。但即使在决定开发用于加热有机材料的微波之后，雷神公司的科学家和高管们仍然在如何应用微波的问题上争论不休。他们的建议包括将加热过程用来干燥油墨或烟叶，或制造稻草纸浆。

马歇尔只有一次成功的机会，因为雷神公司没有足够的资金进行第二次尝试。他做出了正确的选择，这个决定不仅拯救了公司，而且创造了一个新的行业。斯宾塞发现的微波在工程界已成为备受尊崇的传说，但没有人记得是马歇尔决定这一发现的应用方式的。这个故事清楚地表明，只有天才并不足以成功。领导力和它所能带来的更广泛的视野同样重要。

大规模的技术优势是不够的

公司可能拥有压倒性的技术优势，但仍然会失败。在我年轻时，"柯达"（Kodak）是照片的代名词，就像我们现在用"谷歌"（Google）来描述互联网搜索一样。柯达最终破产了，因为他们没有足够快地从胶片转向数码摄影。柯达之所以失败，是因为他们没有听取公司创新者的意见。这些创新者认为，数字化最终会摧毁胶卷行业。柯达发明了数码摄影，但胶片一直在赚钱。公司觉得那些发明天才威胁到了他们的利润来源。尽管柯达拥有数码摄影所需的许多专利，但他们将这些专利授权给了竞争对手。

当时的首席执行官是著名的技术专家乔治·费希尔（George Fisher）。尽管有报道称，20世纪80年代末，中层领导看到了数字革命的到来，但自满的高层领导却忽视了这一点，因为公司仍然利润丰厚。雷神公司对创新的反应与柯达形成了鲜明的对比。雷神公司不仅认识到这项新技术的潜力，而且还致力于开发新技术。

未能拥抱技术进步的公司并非柯达一家。几个世纪以来，瑞士钟表制造商一直主宰着这个行业。他们比任何人都懂得如何制造轴承、齿轮和主弹簧。1968年，瑞士钟表电子技术中心（Centre Electronique Horloger or Center for the Electronic Watch，简称CEH）发明了电子石英表。1967年，当瑞士研究人员向国内的制造商展示这项新发明时，所有的瑞士制表公司都拒绝了。由于没有意识到周遭世界的根本变化，制表商允许研究人员在当年的世界钟表大会（the World Watch Congress）上展示这款新奇的电子手表。日本和美国的公司获得了新款手表的授权，并开创了一个巨大的新市场。

柯达和瑞士制表业的领导层并没有从消费者的角度看待他们的产品，而是从企业管理的角度来看待。对于消费者来说，能够在手掌大小的相机上存储一千多张照片，立即查看和美化相片效果，并删除他们不喜欢的照片，这是非常吸引人的。同样，消费者想要的手表不需要上弦，并且在时间上能够保证精确度。任何一位经理都很难放弃柯达这样利润丰厚的业务。几个世纪以来，瑞士一直是世界上领先的钟表制造大国。1968年，他们占有世界手表市场 65% 的份额。成功让他们看不到即将发生的从机械表到电子表的转变。这些公司需要有魄力的领导，才能搁置具有市场主导地位的高利润产品线，转向新产品，这样做本可以挽救或发展他们的公司，创造数以千计的就业机会。

为什么天才需要特殊的规则

领导天才之所以复杂，是因为天才知道自己有多聪明。尽管有些人可能认为这种自信是一种傲慢，但大多数情况下，这是个人感受的问题。他们就是聪明的人。

要让一个天才遵守规则是很困难的。他们之所以能走到今天，是因为他们无视传统，在思维上超越现有逻辑。他们认为与团队文化冲突的行为方式没有问题。他们可以忽略公司的流程，宁愿用自己的方式解决问题。非常聪明的员工认为他们比你更了解团队的任务。他们关注的是完成工作所需要的东西，而不是你这个领导者。这会颠覆领导地位，虽然组织中的大多数人都尊敬他们的领导者，但天才们更关注的是他们自己带来的价值。

简而言之，天才不喜欢被领导。天才知道他们对公司的价值，知道他们的价值很可能比你高。在很大程度上，天才并不在乎头衔或晋升，因为他们的动机是复杂而独特的。他们经常与世界各地志趣相投的朋友建立联系，而这些朋友只需点击一下鼠标就能联系上。他们中间没有一个人是滥竽充数的傻瓜，他们也不能容忍任何借口。

在内心深处，一个天才可能很容易成为他自己最尖锐的批评者，比你做出评判时要严厉得多。这并不意味着你可以经常批评天才的表现。你的批评在他们眼中缺乏合法性，因为你没有他们那么聪明。天才可能觉得你的贡献微不足道，也永远不会感谢你所做的一切。正如你所看到的，领导天才带来了特殊的挑战。

从我领导大量聪明人的经验中，我了解到他们中的许多人认为自己能比我做得更好，而且如果这份工作只是关于他们的项目或专业领域，他们确实能够做到。但作为一个领导者，工作远不止这些。领导者要将看到所有的点联系起来，并将它们连接在一起，制作出一个复杂但综合的产品。虽然领导者必须对组织整体有全局观念，并基于整体做出判断，但员工往往会被引导向一些微小的方面。当领导一个常规的员工团队时，一个指导性方法可以协调整体的各个部分，但这对天才不起作用。聪明、有创造力的员工往往有极好的借口采取有利于他们自己的项目的行动，但这可能对整个公司有害。一个领导者必须能够清楚地说明一个决定将如何影响整个团队。如果领导者已经建立了一种团队文化，天才会接受他们所理解的有利于团队利益的决策。

激励天才的方式和激励大多数员工不同。通常，挑战在于，要激励天才去做那些他们觉得平淡无奇或不喜欢的事情。在由超级聪明的人主导的技术领域，挑战在于激励天才为整个公司的利益而工作，而不仅仅是努力提升他们的职业生涯。一个天才需要被激励去考虑他人,并把团队的成功看作他自己的成功。

塑造有利于创造力的环境

我所领导的大多数杰出的科学家都觉得他们不需要我。事实上,我觉得,被我领导让他们感到厌烦。对他们来说,我速度太慢,太过贫困,平平无奇。领导天才的挑战之一,是让天才们接受他们需要一个非天才能成功的事实。对我来说,无聊是美好的,因为我成功地为天才们提供了一个专注于工作的环境。

杰出的工程师、科学家和有创造力的人都有独特的需求。要领导天才,你必须摒弃传统的领导观念。你必须更像是一个提供数据、支持和流程而不指定解决方案或方向的隐形经理。你可以提供问题、所有已知的数据和资源,但是你不能告诉天才如何解决问题。如果你这样做了,你就削弱了他们的内在创造能力,削弱了他们产生突破性解决方案的能力。你必须在没有太多指示的情况下领导,这比听起来要困难得多。当你引导天才们自己发现正确的决策时,而不是由你决定该做什么时,你才是最好的领导者。领导天才需要你提供选择而不是决定方向。

尽管告诉天才该做什么比允许个人自主行事容易得多,但提供指示的方式会建立界限,限制天才们为复杂问题寻找创造性的解决方案的可能。另一方面,你可以不那么主动,让天才自己去实现目标。你的工作是支持解决问题,并让天才专注于目标。放手和集中于创造力之间的平衡是领导天才最困难的任务之一。有些意外发现，比如斯宾塞和微波炉，是值得追求的，但另一些则是浪费每个人的时间。领导者需要决定干扰项是否比最初的问题更有价值。要管理天才，你必须成为一名非传统意义上的领导者：你支持问题解决的过程，但不定义解决方法，有时甚至连目的都不需要明确。

不要假设你所做的事情对一个项目的成功有最大的影响，你必须明白，一个天才的领导者会塑造实现成功所需要的环境。你所控制的只与项目的特定目标和成功间接相关。一个天才的领导者不会引起化学反应。你是支持反应发生的容器。你可以改变研究基础设施、团队规模和团队的关注焦点，但是团队的成功来自其成员的创造力。天才工作的环境培养了他或她的创造力，这对最终结果有重要的影响。任何人都有幸运的时候，但如果一个领导者的团队在长期的发展中取得了一个又一个的进步，这一定表明，他知道如何与天才共事。

天才不能很好地领导天才

如果你不确定自己是否有能力领导天才，请记住，真正聪明的人不会成为优秀的领导者。尽管有一些知名的例外，如比尔·盖茨和埃隆·马斯克，但聪明的人通常不能很好地领导其他聪明的人，因为他们总是把更多的精力放在自己的智力上，而不会考虑其他事情，甚至是数据。天才倾向于忽略他们不知道的事情，这限制了他们的决策能力。非天才更容易跳出问题，看到整个组织的需求。

天才们越深入地探索一个问题，真正沉淀下来，沉浸其中，他们就越难取得对问题的外部视角。不是天才的人更有平衡感，对项目有更广阔的视野。作为一个领导者，你可能看不到解决方案，但你会认识到解决问题对每个人意味着什么。你能领导天才恰恰因为你不是天才。

当天才领导一个项目时，他们倾向于告诉每个人该做什么。当然，他们比任何人都知道得多，他们无法抗拒指引前进的最佳道路。除非他们定义了每一个任务，并且相信他们所有的评估都是正确的，否则他们会觉得项目会走向失败。

威廉·肖克利是开发硅晶体管的贝尔实验室团队的领导者，他在领导其他杰出的科学家和工程师方面遇到了困难。1956年，他与约翰·巴丁和沃尔特·布拉顿一同获得诺贝尔奖。之后，他创立了肖克利半导体实验室（Shockley Semiconductor），聘用了60名世界上最聪明的人。然后，他却开始剥削自己的员工。

这位诺贝尔奖得主独断专行，决策经常毫无根据。他无视员工的报告，即使这些报告是他自己布置的。有一次，他把自己写的一篇研究论文交给了一些初级科学家，让他们以肖克利的名义发表论文，这意味着他们永远无法进行同质量的调查。

他手下八名最优秀的员工，包括后来创立英特尔的鲍勃·诺伊斯（Bob Noyce）和戈登·摩尔（Gordon Moore），很快在 1957 年离职，成立了仙童半导体公司（Fairchild Semiconductor）。从肖克利半导体实验室出逃的这八名工程师成立了许多历史上最著名的计算机公司，包括美国超威半导体公司（Advanced Micro Devices）和美国国家半导体公司（National Semiconductor）。如果肖克利没有那么居高临下和傲慢，叛变可能永远不会发生。

当一个天才领导另一个天才时，他的决策可能是以自我为中心的。领导者必须拥有对整个组织的视角，并在此基础上做出判断。天才往往不能后退一步，看到问题的全貌，因为他们专注的巨大力量使他们专心于一个问题，这可能导致他们更喜欢自己的项目而不是其他人。

一个天才可能有智慧和创造性的理由来解释为什么她的项目应该受到青睐，但是如果这些理由应用于每个项目，可能就会导致不同的战略决策。如果没有公正的推理，天才就可能在不知不觉中产生决策偏差。

天才未必能很好地评价自己的工作。在一个项目的早期，与其承认失败，允许资源重新分配，天才可能会认为他所面临的问题具有非常重要的意义，因为他是思考这个问题的人。他可能会继续在这个问题上投入超出其价值的时间和资金。天才可能会把更多的精力放在他们感兴趣的事情上，而不是在有市场价值的想法上。这种方法的问题在于，天才不能决定商业成功是什么，但公众能决定，而我们公众没有那么聪明。

管理自我

领导天才最敏感的领域之一是管理他们的自我。他们可能过于专注自我,并过度自信。例如,特别聪明的人经常错误地判断他们在不相关领域的熟练程度。领导者必须能够在不孤立天才的情况下控制这种趋势。你必须在培养自信和阻止鲁莽的自负之间取得平衡。拥有膨胀的自我意识和相信自己能成功是有区别的。

大多数商业领袖收集数据,自己做决定,然后强加于人。"我是决策者。"乔治·布什(George Bush)曾说过一句名言,自那以后,无数首席执行官都响应了这种态度。在领导天才时,这种心态是危险的,因为在天才不买账的情况下就把决定强加给他们,是在挫伤他们的自尊心。如果为他们做了决定,他们就会理性地退出项目。让天才改变方向的最佳方法是让他发现改变自己的理由,而不是强迫他改变。提供数据并让天才得出自己的结论,是在决策过程中管理自我的一种良好机制。

控制天才自我的另一种方法是让他们周围都是才华横溢的人,他们是对自我的现实检验。与其他非常聪明的人交往可以帮助抑制天才的自负。

航空航天工程行业的一位领导者向我透露,当他的团队开始自我感觉有点过于良好并开始自满时,他请来了几位世界知名的工程师来审查他们的工作。"那些人很快就发现了工作中的缺陷。

如果你的工作没有达到标准，你就有麻烦了。"本书前面曾提到过弗莱克斯纳邀请访问科学家到 IAS 视察，以激发新的想法，并使教员们脚踏实地。

团队凝聚力与个人创造力

领导优秀人才的另一个挑战是平衡创造力和团队凝聚力。项目过程中的凝聚力是实现目标的关键。几乎没有什么事情能让天才分心。当你领导天才时，你必须在引导个人实现团队目标和鼓励能够实现突破的创新之间取得平衡。领导者重视凝聚力甚于创新，往往采用自上而下的策略。领导给每个人分配一个任务。但这对于拥有天才的团队来说并不适用，因为天才会对一项任务感到不满，而创造力会一落千丈。

凝聚力和创新都很重要。领导者不能厚此薄彼。在肖克利半导体实验室，肖克利重视创新甚于凝聚力。他曾经在一个大项目中创建了一个秘密项目，只有一小部分人员参与进来。那些被分配到特殊项目的人感到自己与众不同，是佼佼者中的佼佼者。秘密项目成员拥有更多的资源，并被允许更有创造力。那些没有参与秘密项目中的人感觉到他们被排挤，并且失去了完成原有项目的动力。肖克利创建了一个具有特权的小组，这破坏了原有项目的凝聚力。许多人因此离开了公司。

在飞行员和乘客之间保持平衡

天才们的领导者不能只当飞行员，指挥每一个决定。与此同时，领导者也不可能只是一个乘客，让天才去她想去的任何地方。成为爱因斯坦的老板的挑战在于保持这种微妙的平衡。

领导爱因斯坦就像踩在金字塔顶端的天平两边。金字塔的一边是倾向于让你的团队有完全的自由来决定项目的方向。在这种情况下，他们会把你当作飞机上的乘客。

在金字塔的另一边，你决定所有关于方向和资源的决策。你是飞行员。在这种情况下，你会抑制天才的个人创造力。他们会变得被动，失去主动性。参见图2.1。

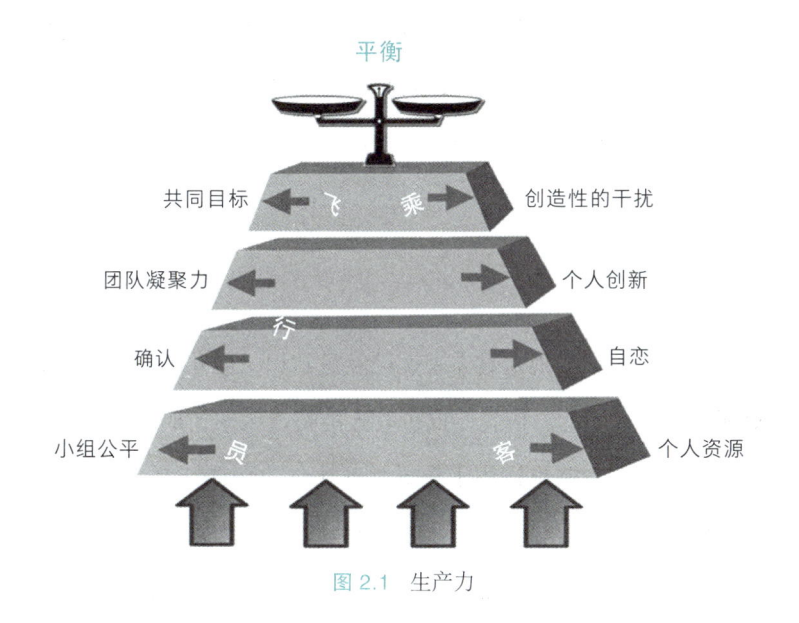

平衡

共同目标 ← 飞 乘 → 创造性的干扰

团队凝聚力 ← → 个人创新

确认 ← 行 → 自恋

小组公平 ← 员 客 → 个人资源

图2.1 生产力

飞行员重视团队公平、目标和凝聚力，而不是对创造力的干扰和个人创新。如果你只是这趟旅程的乘客，你就有可能引发混乱，无法实现组织目标。过分强调领导天才的任何一方面都会降低生产力。

平衡两种极端的领导才能是天才实现卓越表现的唯一途径。保持这种平衡并不意味着你不能在平衡的两端增加权重。平衡的两边都要合理利用。天才们的最佳领导者同时积极地运用团队凝聚力和个人创新。赋予天平两端相同的权重上是实现最大生产力的唯一方法。平衡的领导者十分灵活，能够保持两边的均衡。一个优秀的领导者既是飞行员，也是乘客，在促进个人创造力的同时，努力实现共同的目标。

如果你想知道如何管理这种平衡，我的**领导天才的十条法则**将是你建立一个支持创新、高效和成功的环境的蓝图，帮助你建立一个允许天才在团结的团队中飞速发展的环境。

规则介绍

我提出的一些规则对你来说可能是常识，但并不是所有的规则都是针对天才的。毕竟，很少有人能持续闪耀，成为改变世界的天才。这些策略也适用于领导那些比你更聪明或更专业的人。这些规则也适用于那些灵光一闪就能导致巨大进步的人。作为一个领导者，依靠那些在过去就已经证明了自己天赋的人是很容易的。有时候，一个人可以突然灵光一闪，或者在正确的时间处于正确的位置，从而有巨大发现。要成为天才们的伟大领袖，你必须发现并抓住一个普通人拥有非凡洞察力的时刻。

很重要的一点是，让这些规则成为一种习惯，因为它们将塑造团队的特质。如果这些规则成为习惯，即使面临危机，你也能在很长一段时间内保持天才团队的生产力和专注力。

在紧急情况下很难遵守规则，而这正是最需要遵守规则的时候。随着情况的复杂性和压力的增加，保持在正确的轨道上变得越来越困难。在过去，我没有遵守自己的规则。现在我明白，每条规则都是建立在其他规则之上的。一个失败会导致多米诺骨牌效应。当我违反了自己的规则，我努力营造的和谐氛围就会瓦解。这种混乱延缓了我们朝着目标前进的步伐。幸运的是，这些规则有效地解决了我造成的危机。即使我犯了错误，只要回到这些指导原则，就能让事情再次顺利进行。

下面的概述是对如何有效地与天才共事的规则的介绍，这是本书的核心内容。接下来的每一章都会集中讲述其中一条规则。除了解释如何实现这些规则之外，我们还讨论了可能阻碍应用这些规则的障碍，然后提供了克服这些障碍的方法。

领导天才的十条法则

1. 镜子不会说谎

领导天才的首要原则是承认你不是天才,而为你工作的天才知道这一点。这可能是痛苦的。对自己撒谎也许会让你感觉更好。如果你和我们大多数人一样,你会不惜一切代价捍卫自己的自尊。记住,如果没有一面镜子,你很难有效地评估自己。你信任这面镜子,能够进行公正地评价,将反映出你真实的自我。

为了成功地领导天才,你必须毫不留情地自我评价。如果你欺骗自己,你就会在那一点上停滞不前。如果你不能准确地评估你的领导能力,并在必要时做出纠正,你将会失去作用,并拖累你的团队。优秀的领导者可以实事求是地评估自己的表现,而伟大的领导者则可以根据自己的发现纠正自己的行为。

2. 不要挡路

天才成功的最大障碍就是你。如果你挡住了天才的思路,他们会撞到你,你可能会让他们偏离轨道。别挡他们的路。大多数领导者认为,他们需要成为一个项目的核心,以明确项目的方向。但过于投入会限制天才的创造力,减缓解决问题的进程。只有当你明白了自己在创造性过程中的位置,你才能为天才让出道路,严格的自我评估应该会揭示这一点。

3. 闭嘴倾听

天才的领导者往往说得太多,而听得太少。拥有一群才华横溢、陶醉其中的听众是令人满意的,但你说得越多,你能领导的就越少。要想不干扰天才前进的道路,最好的方法之一就是更有效地倾听。当你闭嘴倾听时,你就可以让天才成为团队的创造性引擎,从而提高团队的生产力。创造性地倾听是加强与天才沟通的最佳方法,并强化他们对项目的掌控,我在后面会详细解释。倾听他们所说的,可以验证天才的智慧,并建立他们与团队的联系。

4. 将石头翻过来

我们都有办法隐藏自己的意图,就像花园石头下发现的苍白、蠕动的东西。我们没有提出来的计划往往对我们自己更有利,而不是对整个团队有利。要想让别人觉得你是真实的,唯一的方法就是把石头翻过来给你的团队看。这意味着你的想法和你的做法一致,即使这很尴尬。对普通员工来说足够透明的东西,对天才来说往往是不够的。即使你觉得自己没有隐瞒任何事情,如果你不够真诚,天才也会立刻发现。当这种情况发生时,天才会失去对你的信任,不再倾听。

一个优秀的天才领导者会对所有的决定给出合理的理由,一个伟大的领导者在做出决定之前就会这样做,积极倾听反馈,并根据反馈调整决策。你应该在任何人提出要求之前就提供该决定背后的数据和解释。如果等到别人来询问时,那就太晚了。

5. 炼金术胜过化学

科学技术现在是一项团队活动,更像足球而不是高尔夫。某个问题十分庞大，需要多个天才组成团队来解决。每个天才解决问题的一小部分。每个人的位置都很关键。一个由互补的专家组成的团队，每个需要的位置上都有一个聪明的人，这是可预测的化学反应。理想情况下，输出与输入相等。但这种方法不足以创建一个高效的团队。最优秀的天才团队是非线性的，其扁平的层级结构促进了许多不可预测的互动。

团队成员的个性与他们的专业知识和才智同样重要。就像炼金术一样，将个人的性格捏合在一起，形成一个非线性的团队，需要理解天才的心理，也需要掌握每个人的才能。目标在于，要在团队中创造一种输出大于输入的反应。

通过化学反应，你会发现团队专业技能的漏洞，并把优秀的人才塞进来填补。炼金术士超越了对专业知识的明显需求，创建了一个非线性团队，其中的随机碰撞产生了巨大的创造力。

6. 不要让过去决定未来

如果你和我们大多数人一样，不管你如何描述你做决定的方式，你都会相信自己的直觉和经验多过相信数据。这是你欺骗自己的一种方式。你无意识地固守着过去好或坏的经历，因为你的情绪会赋予某些记忆更高的重要性。当你失去了一个有价值的团队成员或资源时，尤其如此。你的大脑天生厌恶损失。

除非你有意做决定，否则你会对合理的风险抱有偏见，而没有合理的风险，就不会有创造性的收益。优秀的领导者使用数据来做决策。伟大的领导者使用正确的数据，以公正的方式进行分析,并将其应用于决策过程。当你的决定是基于毫无根据的偏见或过去的经验时,天才会立即识别出来,并且不会认真对待你的决定。

7. 忽略松鼠

许多天才就像拉布拉多寻回犬一样,它们可以专注于正在咀嚼的骨头,但却无法阻止自己追赶一只从身边飞奔而过的松鼠。天才的脑海中可以闪现一个好主意,然后轰隆一声,他们开始追逐它。

大多数领导人都试图把精力集中在核心任务上。天才会把这样的领导者逼疯,因为聪明的头脑总是在追逐"松鼠",即那些吸引他们注意力的、在核心任务之外的小而有趣的想法。天才会产生许多新奇的想法。虽然这些闪光大多无关紧要或不可行,但有些灵感却价值数十亿美元。一个伟大的领导者会明智地选择追逐哪只松鼠,因为天才不可能追逐一切。一个领导者可以通过明智地认识到有价值的灵感为一个天才团队赋能。

8. 协调心灵和头脑

天才常常被认为像电脑一样,冷漠无情。我们认为我们可以输入和输出数据,并生产出想要的产品。相反,大多数天才只能遵从内心,实现他们心灵引导的结果。他们和我们一样被同样的情绪所吸引和驱使。他们的心灵仍然可以支配他们的思想。

有时天才的心灵跟不上他的头脑。他可能有令人印象深刻的智力天赋,但他的性格会让这些天赋黯然失色。他可能会去上班,但他仍然心不在焉。要想达到实现重大飞跃所需的生产力水平，天才的心灵就必须投入其中。一个天才必须对一个问题有深切的情感关怀。想让一个天才尽全力工作，他必须在一个温暖和支持性的环境中，感到有人关心他，并感到安全。天才需要感觉到他们对你和团队来说十分重要，不仅因为他们做了什么，而且因为他们是谁。

只有当天才的大脑和心灵同步时，一个复杂的问题才能被完全解决。天才们复杂的情感会限制他们的创新，因为当他们感到压力时，他们就不能让自己的思想自由驰骋。心灵必须得到释放，天才的大脑才能创造。

9. 让问题引诱天才

向天才施压，让他们改变方向很少有效果。他们解决问题的专注度是如此之高，以至于很难让他们朝着你希望的方向前进。如果天才知道你在向他们施压以改变方向，他们会抵制这一意图。鞭笞他们直到他们改变目标很少奏效。他们能对抗的时间比你能推动的时间长得多。一个优秀的领导者能够推动天才朝着一个重要的目标前进，但是一个伟大的领导者能够让天才拥有一个自己的目标。最有效的领导者以一种吸引天才的方式来描述问题，这种方式能吸引天才的心灵并卓有成效地将他引向目标。如果天才们对自己的问题着迷，他们会更有动力去解决问题。

10. 与混乱和平共处

如果你领导的是杰出的人，危机就是新常态。天才从定义上来说就是颠覆性的。习惯吧，因为危机永远不会停止。你必须理解并接受你的生活将会迎来一个又一个的危机。

要领导一个天才团队，你必须首先领导你自己。如果你每次遇到危机都会崩溃，你就会将天才的注意力引向危机。如果不再关注项目，他们就会变得缺乏创造力。展示你内心的热忱，表明你的价值观的力量大于你周围风暴的力量。你的沉着可以让你的天才们专注于项目本身。一个优秀的天才领导者在危机面前保持冷静，而一个伟大的领导者却能识别并化解危机。

爱因斯坦的老板
Einstein's Boss：
10 Rules for Leading Genius

第三章　规则 1：镜子不会说谎

在内心深处，我们都认为自己是天才。为了领导天才，你必须认识到你不是天才，并且为你工作的天才知道这一点。承认自己不如别人聪明是很痛苦的，所以你欺骗自己，从而让自己感觉更好。隐瞒真实的自我会从根本上改变你的领导方式。你会停滞不前。你会避免做出任何改变自我形象的决定，这会扼杀创造力，阻碍创新的进步。只有通过严酷的自我反省，才能避免欺骗自己。

在 IAS 任职初期，弗莱克斯纳就能够接受批评并从中获益。起初，他向多位天才征求意见，包括未来的最高法院法官菲利克斯·法兰克福特[①]（Felix Frankfurter）。法兰克福特质疑研究所是否应该设立数学系，因为他觉得数学系不会产生任何实际效益。

弗莱克斯纳没有回避这种批评，而是欣然接受。尽管弗莱克斯纳最终坚持了自己的立场，并做出了正确的决定，在 IAS 创办初期就设立数学系，但法兰克福特的连珠炮式批评有助于使弗莱

---

① 菲利克斯·法兰克福特（1882—1965），奥地利裔美国律师、教授、法学家。美国总统罗斯福于 1939 年任命他为最高法院法官。——译者注

克斯纳的观点更加清晰,并确保它们是合理的。

法兰克福特加入了 IAS 的董事会,成为弗莱克斯纳的重要参谋。后来弗莱克斯纳在 IAS 里没有足够的钱来实现薪酬公平,当法兰克福特批评这种不公时,弗莱克斯纳强迫他离开了 IAS 的董事会。如果弗莱克斯纳更准确地评估了形势,他就会承认薪酬不公平,并努力纠正它。相反,他花了大量的政治资本迫使法兰克福特退出,这是一场大规模的破坏。

作为领导天才的第一条法则,无情地诚实对待自己可能听起来过于简单,但促使你成长和进步的基础就是要对自己真实,即你可能不是天才。自我评估的练习应该像运动员的训练一样具有周密的计划。亚伯拉罕·弗莱克斯纳需要这本书,而不是阿尔伯特·爱因斯坦。

爱因斯坦和原子弹

也许科学史上最著名的评估和纠正是爱因斯坦对核武器的坚决反对。1939 年,他的朋友、匈牙利裔物理学家利奥·西拉德[①]（Leo Szilard）了解到德国人已经停止出售在他们控制下的捷克铀矿的铀。这一行动只能意味着,德国人知道,铀是可被武器化的核链式反应的原材料。

[①] 利奥·西拉德（1898—1964）,出生于匈牙利布达佩斯,美国核物理学家。——译者注

爱因斯坦向罗斯福总统递交了自己签字背书的一封信，西拉德在信中对德国制造原子弹的意图提出警告，从而促使美国加速发展核武器。西拉德不希望这封信被国务院的官员截获并存档，所以他让他的朋友、罗斯福的经济学家兼顾问亚历山大·萨克斯（Alexander Sachs）亲自送信。

在读过爱因斯坦签署的这封信后，罗斯福召集了一群科学和军事领导人来调查是否有可能开发出核武器。这促成了位于美国新墨西哥州洛斯阿拉莫斯的曼哈顿计划[①]（the Manhattan Project），该计划制造出了世界上第一枚原子弹。

洛斯阿拉莫斯实验室的科学家们必须发现如何将可用于核爆炸的铀从大块铀中分离出来。该项目的领导者之一范内瓦·布什[②]（Vannevar Bush）秘密拜访爱因斯坦，询问他的意见，但没有告诉他太多关于这个机密项目的事情。在那次会面中，爱因斯坦可能提供了一些方法上的建议，这个方法最终用来提取浓缩活性铀。

在第一颗和第二颗原子弹被投到日本之后，爱因斯坦对屠杀平民的行为感到震惊。他非常后悔把这封信寄给罗斯福，因为在美国准备发射原子弹时，德国已经战败了。他公开反对研发威力更大的氢弹。

[①] 曼哈顿计划于1942年至1945年开展，为美国利用核裂变反应研制原子弹的计划。该计划集中了当时西方国家最优秀的科学家，耗资20亿美元，于1945年7月成功进行了世界上第一次核爆炸。——译者注
[②] 范内瓦·布什（1890—1974），二战时期美国最伟大的科学家和工程师之一，曼哈顿计划的提出者和执行人。——译者注

爱因斯坦建议，应该让一个由科学家组成的国际委员会控制所有的核技术，以确保核技术只用于和平目的，比如发电。他在生命最后几年的大部分时间都致力于促进和平与核裁军事业。

他后来说，他没有想到核武器可能被研发出来，他自己除了在给总统的一封信上签字外，在核武器的发展过程中没有发挥任何作用。即使是爱因斯坦，对自己也没有做到诚实，他选择忽视他的建议的力量，以及他与西拉德就分离武器级铀的工作所进行的持续沟通。他对自己在核事业中的参与评估与实际发生的情况不一致。

成功使自我评估更加困难

失败后评估自己的表现比成功后评估更加容易。即便是爱因斯坦在纠正他的行为时也对自己撒了谎。成功让我们觉得自己比实际更好。它让我们看不到自己的弱点，促使我们去冒险，而这些冒险是我们平时不会去做的。

美国长期资本管理公司（Long-Term Capital Management）就是一个如何成功让自我评估变得更加困难的例子。所罗门兄弟公司（Salomon Brothers）前副董事长、诺贝尔奖得主约翰·梅里韦瑟（John Meriwether）于1994年创立了长期资本管理公司，该公司在最初几年取得了巨大成功。然而，这家公司以惊人的方式倒闭了。到2000年，债权人已经把它的资产一扫而空，公司彻底终结。

公司的倒闭源于由基金经理编写的一个复杂的计算机程序，用来进行市场预测。他们为自己编写这个程序的努力感到自豪，并向投资者吹嘘它的复杂性。这个程序的复杂程度给了他们一种超乎想象的安全感。他们的计算机算法没有预测到基本的经济问题，这些问题即使对一般的市场观察者来说也是显而易见的。尽管存在这些错误，但长期资本管理公司的经理们在本应减少投资时却不断增加投资。

长期资本管理公司将傲慢制度化，将其编程到自己的计算机算法中，这导致了大规模的失败。组织失败的开始往往是源于成功带来的过度自信。团队变得傲慢，并开始将成功视为理所当然。他们忘记了最初是什么创造了成功。

傲慢的警告信号

人类欺骗自己的惊人能力令人恐惧。我自己就是这样。我相信自己拥有无与伦比的判断力，它可以成为一种自我强化的逻辑：如果我打赌一件事，它就一定会赢，因为下注的人是我。因为我总是对的，所以无论我赌什么都会赢。如果你看到以下任何迹象，那么就是时候该进行自我评估了：

- **一种理所当然的感觉**。这可能是相当微妙的。例如，你可能觉得自己应该成为负责人，因为你拥有最多的经验、训练或天赋。

理所当然的感觉会让你仅仅因为你是谁就觉得自己有资格成为领导者。权力会导致你做出一些冒险的选择，而你并不觉得有责任。逃避责任是权力意识的一个关键标志。

- **比起别人的观点和想法，你更喜欢自己的观点。** 你不仅更加强调你自己的观点，而且你也把自己的一部分自我价值强加到你持有的观点中。当你的某个观点受到批评时，你就会变得具有防御性，就好像你受到了人身攻击一样。以一种不带偏见的方式判断你自己和别人的观点是很困难的。傲慢导致思想封闭，这使你停止学习任何新东西。

- **你开始强调责任而不是创造性地解决问题。** 你传递出一种信息："错不在我，但我肯定会找出做错的人是谁！"这种态度会导致团队成员互相指责。最终，办公室政治战胜了完善流程的意识。善于逃避指责的人得到晋升，而不是承担责任的人。

习惯性的自我评估意味着迅速认识到错误并公开承认错误。然后你必须做出改变，因为天才天生多疑。经理会说："对不起，那是个错误。"然后她会说"但是"，开始找借口，最终经理会失去整个团队。

只有谦逊的领导者才能在道歉或称赞之后不加上一句"但是……"任何附加在道歉或称赞之后的理由只会降低它们的价值。你如何接受指责或给予赞扬，与你是否这样做同样重要。

真正的领导者会承认自己的错误，并创造一种负责任的文化。这种文化会渗透到项目的每一个角落。如果一个领导者对他的行为负责，那么团队成员将在一个项目中拥有自己的位置，并且每个人都将变得更有效率。

虚假的谦逊

许多年前，一位科学家送给我一份礼物，感谢我帮助他从大学里分拆出一家公司。我挥了挥手，说："没什么。我只是做了我应该做的。"

那天晚上开车回家时，我意识到我刚刚摒弃了那个科学家人生中很重要的一件事。我表现得好像这个天才一生的梦想一文不值，我已经破坏了这个场景对他的意义。我的谦逊是违心的，不仅如此，我还诋毁别人的成就，一个对他意义重大的成就。

那天晚上在家里，我给他发了一封电子邮件，告诉他这句恭维对我有多重要，以及他作为同事对我有多重要。我写道，他的赞赏是我从工作中得到的最好的回报。尽管我们的工作方向渐行渐远，但那位科学家一直是我的亲密朋友。

自我评估始于领导者承认自己能力有限，容易犯错，并认识到自己通过纠正错误做出了重要贡献。在原谅自己犯的错误和更加努力地工作以确保错误不再发生之间，有一种适度的平衡。如果你原谅自己，但以后不改正，你就会失去信誉。

自我厌恶与这种虚假的谦逊有关。多年来，每当我犯了一个错误，我都会在内心鞭笞自己，称自己为白痴。这种对自己的愤怒意味着，我对自己犯下的错误感到震惊。我表现得好像我应该像上帝一样完美。这种潜意识里认为我应该是完美的想法是一种巨大的自我欺骗。

自怜也是虚假谦逊的结果。当你觉得自己不应该犯错时，你就会自怜。你认为这是不公平的。你不能沉湎于自怜之中，不能过于轻易地原谅自己，并在犯错时哀叹后果不公。没有人会加入你。

欢笑是傲慢的解毒剂

傲慢始于对自己过于严肃。笑声能将我们从那些人为建构中解放出来，我们用这些建构来让自己对弱点感觉更好。嘲笑自己表明我有自己的缺点，但缺点并不能完全代表我。它们无法控制我的信仰，也无法控制我的行为。如果我能自嘲，我知道我能控制住自己的傲慢。

在2011年的阿拉伯之春中[①]（the Arab Spring），埃及发生了

[①] 阿拉伯之春，阿拉伯世界的一次革命浪潮。2010年发生在突尼斯的自焚事件是整个"阿拉伯之春"运动的导火索，该事件激起了突尼斯人长期以来对经济和政府部门的不满，形成全国范围骚乱，随后反政府活动席卷阿拉伯世界，导致一百多万人死亡。——译者注

反对穆巴拉克总统①（President Mubarak）的非暴力起义，领导起义的年轻知识分子利用推特（Twitter）嘲笑穆巴拉克。他们说，嘲笑穆巴拉克可以让他不那么有威胁，嘲笑让他们在脑海中废黜了他。同样地，嘲笑自己会让你跌下脑海中的宝座。当你能从你所做的事情中体验到幽默时，你就很难认为自己是绝对正确的。笑是一种生理上的释放，它能让你摆脱思维定式的束缚。

你可以系统地将幽默融入你的领导中，以此来保持你的谦逊。我每个月给整个部门发一封电子邮件讲一个有趣的故事。我尽可能多地以自己为例，讲一个幽默或令人尴尬的场景。我曾经送过一瓶昂贵的苏格兰威士忌给一位穆斯林朋友。过了整整一年他才告诉我，他的宗教信仰禁止他饮酒。我感到很羞愧，不停地道歉。我笨拙的尴尬和道歉使他开怀大笑，并在我们之间建立了一直维系到今天的纽带。

在爱因斯坦职业生涯的早期，他对自己十分严肃，但随着年龄的增长和荣誉的增多，他学会了嘲笑自己。在他生命的尽头，普林斯顿大学为他举办了一系列全天的讲座。爱因斯坦听完了讲座，没有任何抱怨或评论。有人问他那些讲座是不是太无聊了。"如果我能听懂他们的话，那就说明它们真的很无聊！"爱因斯坦回答。

由于健康状况恶化，医生严格控制了他的饮食，不允许他吃

---

① 穆罕默德·胡斯尼·穆巴拉克（1928— ），埃及前总统、埃及民族民主党主席。1981年10月当选为埃及第四任总统，2011年辞职。——译者注

糖和抽烟。在他家吃过一顿晚饭后,有人递给他一盒糖果。他拿着盒子,深深地吸了一口。客人们疑惑地看着他。"我的医生只允许我这么做,"他说,"魔鬼会惩罚我们生活中所享受的一切。"

赠送礼物以及感谢

赠送礼物是傲慢的另一剂解药。用礼物正式承认一个团队成员的成就会将目光焦点从你转移到其他人身上。收礼人不应该期望收到礼物,礼物不要太大或太贵,以免将团队成员的注意力引回到你身上。对你来说,筹划礼物和送礼物一样重要,它把你的注意力从自己转移到别人身上。

你送礼物的方式可能让它成为一个团队庆祝活动,也可能失败。当你送礼物时,你必须引起对方的注意。你的语言应该尽量简短,让收礼人说出团队正在庆祝什么。

你应该经常计划赠送礼物的活动。礼物应该出于你对对方帮助团队的感激之情,否则就会显得很假。感恩与理所当然的感觉是相悖的。当你期望你的团队付出非凡的努力而没有给予他们认可或奖励时,你就是在暗示,你仅凭职位就能够享受到他们的努力成果。这种理所应当贬低和挫伤了团队成员,这将大大降低他们的参与感和忠诚度。

如果你能从某人收到一份意外的礼物时的兴奋中获得快乐,而不去想这件事会给你带来什么,你就会暂时收获谦逊。这个时刻将会很短暂，因为我们所有人都会重新开始思考我们自己。

克服对冲突的恐惧

真正的自我评估意味着你必须能够忍受内心的冲突。在你应该做什么和你是谁之间总会有冲突。除非你能面对内心的斗争，否则你会对自己撒谎，告诉自己一切都很好，然后永远不会改进。你永远无法接受同事合理的批评，并利用他们的观察来改进。

IAS 一直受到班贝格信托基金（the Bamberger Trust）的资助。班贝格兄弟和他们的妹妹在新泽西州建立了一家连锁百货公司，并在 1929 年股市崩盘前不久将公司卖给了梅西百货。弗莱克斯纳发现，班贝格家族讨厌在董事会上发生冲突，即便冲突关乎重要问题。为了避免班贝格家族对激烈的讨论感到不适，据说 IAS 的董事会议十分仪式化和单调。未经路易·班贝格（Louis Bamberger）事先批准，任何文件都不得提交给董事会。大多数董事会会议都是由一名又一名成员逐项宣读，而不是公开讨论问题。

在一次董事会会议上，当哈佛大学律师菲利克斯·法兰克福特激烈地反对为教职员工设定不同的薪酬时，路易的妹妹卡罗琳·富尔德（Caroline Fuld）凑到弗莱克斯纳身边小声说，"这个人必须走！"弗莱克斯纳非常乐意满足她的要求，因为此时他已经厌倦了法兰克福特对他如何管理 IAS 的不断批评。弗莱克斯纳已经失去了与自我评估的内在冲突共存的能力。

只有弗莱克斯纳才能说服班贝格家族做出任何艰难的决定，因此 IAS 的董事会开始由弗莱克斯纳一人做主。由于不愿面对冲突，班贝格家族和弗莱克斯纳都缺乏自我评估。这个原因最能说明为什么弗莱克斯纳失去了 IAS 的教授们的支持，而这也是他倒台的原因之一。

第三条路

天才的领导者必须能够同时平等地考虑两个相互冲突的概念，并通过产生一种新的方法解决这两个概念之间的紧张关系，这种方法包含了每一个概念的元素，但比两者都好。这个过程被称为整合思维（integrative thinking）。综合的自我反省要求你适应通常会引发焦虑的情况：同时在脑海中对自己持有两种截然相反的观点。

综合的自我反省并不意味着一种特质比另一种更重要。你不必将你的行为和决策分为好和坏两类。解决个人的领导力缺陷通常还有第三种方法。

如果你犯了一个代价高昂的错误，你需要用你的智慧去认识并从中学习。你需要情绪来巩固所学到的任何教训。你必须平衡你的情感和智力，而不是丢弃它们。你可以心平气和地接受自己的缺点，下定决心在将来避免同样的错误。在我们的行政领导团队中，我们称之为"**第三条路**"。

第三条路是一条创造性的前进道路，它既考虑到冲突的两个极端，又不丢弃任何一个冲突。**第三条路**认识到，两个极端可能永远不会完全和解，但两者会在不同的情况下发挥作用。这两种极端都有你应该保留的价值，因为它们相互平衡。

整合自我评估可以发现冲突中的潜在动机是重叠的，这将有助于定义**第三条路**。**第三条路**并不明显，也很难达到，但它可以指引你作为一个领导者走向个人成长。**第三条路**使领导天才成为一门艺术。

爱因斯坦提出了一个很好的关于**第三条路**的案例。在第二次世界大战期间，有一些人出于良心而拒绝服兵役。他在给比利时女王的信中表示，这些出于良心拒服兵役的人仍然可以征召入伍，将其派往商船或医院病房等关键但非军事的支援岗位即可。许多西方国家采取了这种方式，既实现了和平主义者的理想，又满足了国家的需要。

综合自我反省的方法

组织专家彼得·德鲁克（Peter Drucker）提出了一种让自己承担责任的方法。他建议，无论什么时候做决定或采取重要行动，都要记录下自己的预期结果。9个月或12个月后，将你所做决定的实际结果与你所期望的结果进行比较。考虑一下你是对的还是错的，然后把你所学到的关于假设的知识应用到下一个决定中。作为一名科学家，这种方法对我很有吸引力。我们测试假设是否正确，然后我们分析数据并根据这些数据调整下一个实验。

自我评估的另一种技术是列出指导决策的具体价值。这个练习的目的是确定行为背后的价值观，而不是你认为你所持有的价值观。如果指导决策的价值与你或组织认为的不匹配，则其间的冲突会明确你需要处理的领域。

承认不等于改正

在自我评估中，仅仅冷酷是不够的。你必须改正你所发现的错误和弱点。这意味着要有灵活性和耐心，因为这需要时间和练习。自我评估的练习必须像运动员的训练一样有计划。

你必须学会制造自我破坏。这更像是雕刻大理石而不是塑造黏土。我们的内在构造比我们想象的更坚固。我们害怕自我纠正的噪音和混乱。我们认为当道路平坦时我们会更有效率，但事实并非如此。巨大的技术进步发生在破坏性的压力之下。

你必须识别出那些对你来说普遍的、真实的想法，无论那些想法是什么。这种想法的例子从"我总是让团队成员自我感觉良好"到其对立面"我永远无法让团队看到大局"，不一而足。"总是"和"从不"是概括的说法，这显然是不正确的。还有"可能"和"或许"，但我们的性格和决策不会是"永远"，也不是"永远不"。"我认为，无知地活着，要比拥有可能错误的答案有趣得多。我对不同的事物有近似的答案、可能的信念以及不同程度的不确定性。"物理学家理查德·费曼说。

将你的生活放在一个整体的叙述中，而不是独立地衡量每一种情况，这会让人更舒服一点。如果你仅仅是从整体上描述自己，你就失去了个人成长的可能性。问题在于，你如何将你真正的自我从严格的束缚中解放出来？这种束缚就是你对自己的看法。在这里，传统的商业模式会失去作用。在大多数组织中，自我评估的目标是优化个人表现。领导天才的自我评价的目的是促进天才的发现。这不是关于你自己，而是关于提高天才发现的潜力。

请思考图 3.1 中所示的图。右边的圆圈代表你的团队需要你做什么，扭曲的六边形代表你是什么。自我反省的目标是提高你与团队的契合度。图下评估表中左边的数字表示与团队不匹配，因为领导者无法评估自己。

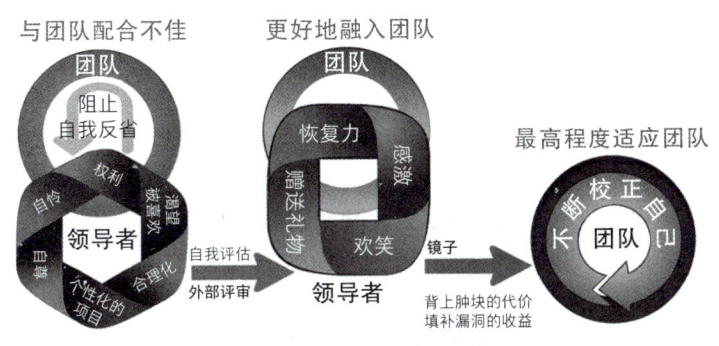

图 3.1　用镜子进行自我评估

自我反省是客观地审视自己的能力。这是评估你性格优缺点的第一步。如果你不能改正你的缺点，你注定要重复你所有的错误，并且永远不会明白为什么事情会出错。你会阻碍你的团队发挥他们的潜力。自我评估的第一步将把你的注意力从你自己的成功上转移开，但这并不会让你自动地进行自我纠正。你必须努力做到这一点。

用镜子进行自我评估

无论我们多么想改变自己，我们都无法独自做到改变。我们看不到真实的自己。我们需要一面外在的镜子。选择一个可信的外聘顾问作为镜子。这个顾问不应该是你的团队成员，并和你保持足够的距离，这样他就会毫不犹豫地说出难以开口的事情。这个过程中最困难的部分是让你自己看着镜子而不是退缩和逃跑。

在第一次见面之前，诚实地评估自己在十个领导特征上的表现，以下问题能够帮助你与自己的"镜子"开展讨论。这些问题可以随着你的职业发展而有所变化。

- 当有人挑战我的立场时，我的防御程度如何？
  冷静而理智地回答　　　　愤怒地回应挑战者
  　　　　1　　2　　3　　4　　5
- 在我回答之前，我会让团队成员把她想说的话说完吗？
  总是允许　　　　总是打断
  　　1　　2　　3　　4　　5

- **谁来宣布我们团队的突破？**

    取得突破的天才　　　　　由我宣布
    　　　　1　　2　　3　　4　　5

- **我是否会积极地推荐团队中的一位天才，让他升职，即使他可能离开我的团队？**

    天才的事业比我自己的更重要　　　　我的成功更重要
    　　　　1　　2　　3　　4　　5

- **我们的团队多久检查一次项目结果？**

    总是　　　　　从不
    1　2　3　4　5

- **审查的目的是什么？**

    回顾假设和过程　　　　定义谁对成功或失败负责
    　　　　1　　2　　3　　4　　5

- **任何一个团队成员能说出我们最重要的价值观吗？**

    每个人都能列出我们的价值观　　　没人可以
    　　　　1　　2　　3　　4　　5

- **如果给我加薪，我会欺骗我的团队吗？**

    永远不会　　　　这取决于薪酬的涨幅
    　　1　　2　　3　　4　　5

- **团队成员能说出我们的首要目标吗？**

    每个人都能说出目标　　　没人可以
    　　　　1　　2　　3　　4　　5

- 团队经常会向我寻求额外的资源来达到我们的目标吗？

　　很少　　　　　经常

　　　1　2　3　4　5

　　不要告诉你的镜子你是如何评价自己的，让她在每一个问题上给你打分，然后把你的答案和她的进行比较。这个分析包括两部分。讨论的前半部分是那些你和你的镜子都给你打了4或5分的问题。这些都是你需要改进的弱点。集中讨论过去错误的具体例子和其他可能带来更好结果的应对方法。

　　讨论的后半部分更为重要。接下来，集中讨论你的镜子给你打了4分或5分，而你给自己打了1分或2分的问题。这些问题就像你背上的肿块。它们就在那里，但是没有镜子你就看不见它们。它们是你没有意识到的弱点。它们是导致你犯错的盲点。

　　仅仅意识到你看不见的弱点是不足以改变的。你必须意识到这些弱点让你付出了什么代价。回想一下你在过去几年里最糟糕的表现，并评估一下镜子认为你存在缺点的那些方面是否会导致你做出错误的决定。克服这些弱点的关键是给它们贴上昂贵的标签，一个你不愿意支付的标签。如果你能用一个具体的失败来标记这个看不见的弱点，那么它可能对你来说太过昂贵，然后就可以改正。

　　我第一次让同事来当我的镜子时，比我想象的还要痛苦。我一直认为自己是一个很好的倾听者，一个愿意把功劳归于别人的人。我的镜子却认为，我在讨论时喜欢打断别人来表达自己的观点，并且喜欢把团队成就归功于自己。因为我没有这样看待自己，这迫使我改变自己的内在形象，这对我来说十分艰难。改变花了很长时间，但我觉得我现在在这两个方面比以前做得好些了。

不仅要克服自己的弱点，还要培养自己想要培养的品质。当你继续与镜子讨论时，要讨论你的改变是否达到了你的期望。如果你从改变中得到了你想要的，那么你会希望继续努力并重复这个过程。该理念在于，重复自我分析的过程，做出改变以达到目标。最初的 10 个问题可以扩展或修改，使之更符合你的情况。

专注于你想要增加的领导力特质。重复进行自我修正的目标是响应团队对你的需求，从而实现卓越。最好的自我评估可以发现问题，最好的自我纠正可以防止问题变成灾难。自我评估的原因是为了更好地融入你的团队，让他们更有创造力。

重要启示

- 如果同样的问题不断发生，你就是在问题的根源上自欺欺人。

爱因斯坦的老板

Einstein's Boss:
10 Rules for Leading Genius

第四章 规则2：不要挡路

天才的生产力的最大障碍就是你。天才的领导者通常甚至没有意识到他们挡住了天才的路。领导者往往认为自己的贡献比实际贡献大得多。这会让他们自我感觉更好。

当我把自己想象成一个领导者时，我曾经认为自己就像一位繁忙的火车站的站长，为了让列车准时进出站，我要在不同的轨道之间切换列车。我花了好几年的时间才明白，我是想站在铁轨中间指挥火车前进，我想成为一切的中心。我在铁轨上跑上跑下，挥舞着双臂，大喊大叫，让别人能够听到我的声音。火车从四面八方呼啸而过，有些人不得不跳下铁轨以免撞到我。

这种领导方式是一种失败的做法。如果你成功地给一个天才指明了方向，新的路线会打乱她的思维过程，她会变得被动，失去主动性。如果你不能引导天才，他们思维的速度就会超过你，可能无法达到团队目标。指导太多和太少都会损害天才的生产力。

去往华盛顿的爱因斯坦

随着爱因斯坦抵达美国的日期越来越近，弗莱克斯纳变得越来越紧张。当时爱因斯坦即将结束在牛津大学的访问，牛津大学正试图说服爱因斯坦留在英国。在欧洲时，爱因斯坦曾直言不讳地批评德国日益增长的反犹太主义，作为回应，纳粹占领了他的家，德国物理学家也发起了一场反对相对论的运动。德国传来的消息说纳粹可能要暗杀他。因此在英国时，爱因斯坦还有专门的安保人员。

弗莱克斯纳很担心德国人对爱因斯坦生命的威胁。他可能更担心爱因斯坦会被其他人说服，花大量时间到其他大学访问。IAS董事会主席路易·班贝格开始把登载邀请爱因斯坦消息的剪报寄给弗莱克斯纳。弗莱克斯纳还担心，爱因斯坦的名气越来越大，会使他试图在IAS建立的学术天堂政治化。

纽约市长计划在爱因斯坦所乘客轮停靠的码头举行盛大的招待会，甚至还有一支军乐队欢迎爱因斯坦来美国。市长渴望在选举年得到媒体的关注。市长、乐队、记者和好奇的旁观者等着爱因斯坦上岸。然而，直到最后一名乘客上岸，都未出现爱因斯坦的身影。

原来，弗莱克斯纳早已安排了一艘拖船停靠在港口的远洋客轮旁边，把爱因斯坦和他的妻子偷偷带进纽约。当客轮到达时，爱因斯坦已经在普林斯顿的一家汽水店吃冰淇淋，适应新环境了。

围观的人群和市长最终失望地回家了。

弗莱克斯纳的目标是消除所有阻碍他的天才取得巨大进步的干扰因素。当《纽约时报》(*New York Times*)第一次报道 IAS 的设立时，弗莱克斯纳恳求编辑不要过多提及他。弗莱克斯纳不像史蒂夫·乔布斯（Steve Jobs）那样在大型新闻发布会上为苹果公司的下一款革命性产品大肆造势，而是希望报道的焦点放在爱因斯坦和研究院。弗莱克斯纳认为自己是消除障碍和限制干扰的幕后人员，是所有天才领导者的好榜样。

弗莱克斯纳在试图控制爱因斯坦的周边环境方面做得太过火了，差点失去了爱因斯坦。弗莱克斯纳觉得自己知道对杰出的新员工来说什么是最好的，于是开始系统性地拒绝外界对爱因斯坦的所有邀请。弗莱克斯纳担心爱因斯坦不能管理自己的公众形象，所以他试图安排爱因斯坦的日程。弗莱克斯纳甚至代为拒绝了到白宫与罗斯福总统共进晚餐的邀请，他甚至没有告诉爱因斯坦这个邀请。当爱因斯坦发现他的老板所做的事情时，他勃然大怒。爱因斯坦到 IAS 的董事会上威胁说，如果弗莱克斯纳不停止"干涉"他的个人事务，他就辞职。弗莱克斯纳做出让步，努力修复这段关系。他挡住了爱因斯坦的路，这几乎使后者离开 IAS。

允许新方法

当涉及研究时，弗莱克斯纳十分支持用新方法解决旧有问题。

他鼓励探索新的领域,这些领域的问题甚至还没有被明确提出。正如约翰·冯·诺伊曼在地下室鼓捣早期电脑时,他没有干涉过冯·诺伊曼一样,他也允许其他人追随自己的好奇心。

当 IAS 的经济学家温菲尔德·莱弗勒[①](Winfield Riefler)想把统计学应用于经济数据,以预测未来趋势时,其他经济学家十分不屑。当时的经济学更像是哲学或心理学,完全基于个人行为的原则来研究。莱弗勒观察到,群体数据比从少部分个体中总结出的数据更准确。他发现,当使用统计数据仔细分析时,从表面上看不明显的趋势可能很重要。联邦政府在第二次世界大战期间广泛使用了莱弗勒的分析技术,这项技术帮助美国赢得了战争。

弗莱克斯纳支持了莱弗勒的方法,这种方法现在已经成为经济分析的准则。弗莱克斯纳培养了一种好奇心和跨学科合作的文化。当他的教员们想要尝试一些新东西或对一个新想法感到兴奋时,他就能够为他们让出道路。

事实上,弗莱克斯纳所做的不仅仅是为这些科学家让路。他积极鼓励不相关学科之间的非传统合作,并提倡创新方法,因为这正是他对 IAS 的设想。

将权力与责任结合起来

除了简单地鼓励新方法之外,为天才们让路还有更多的事情

---

① 温菲尔德·莱弗勒(1897—1974),美国经济学家、统计学家。——译者注

要做。为了不受阻碍，领导者必须能够移交管理项目的权力。如果领导者不能够提供履行项目职责所需的权力，那么就不应该分配责任。以我的经验，这是领导天才的一个常见错误。即使我们对它有所防范，我们仍然会这么做，因为这往往是下意识的。

这条规则对于任何项目的成功都是必不可少的。一项对500名经理的调查发现，缺乏权力是导致项目失败的主要原因。赋予天才对项目的所有权意味着将权力与责任结合起来。除非一个天才觉得他拥有这个项目，否则他不会自由地投入他的工作中去。天才必须能够做出改变项目方向的决定。他必须能够决定资源、基础设施和实验。另一方面，拥有权力意味着天才也要对项目的目标负责。

让员工拥有工作自主权的一个经典例子是联邦快递（FEDEX）的做法。该公司允许每位司机选择运送包裹的最佳路线。这种自由让司机能够更加熟悉本地路线，而不是只靠GPS导航，这通常可以大幅节省时间，大大提高了工作满意度和员工保留率。

叛乱或冷漠

如果你想成为一名失败的领导者，那就给你的团队出一个难题，然后限制他们试验如何解决问题的能力。项目越困难，让最聪明的团队成员能够充分利用他们的智慧就越重要。

你可能不知道自己在紧握权力，直到以下两件事之一发生：

像肖克利半导体实验室那样的全面反叛，或者柯达中层管理者的厌倦和冷漠。每当我看到一个团队叛变或变得冷漠，我就知道领导者只是分配了责任，但没有赋予下属权力。团队可以反抗并试图推翻领导者，也可以跳槽到其他公司。如果他们离开，他们可能会在离开时试图摧毁团队。或者，天才可以消极以对，这会导致冷漠。这甚至比全面反抗还要糟糕，因为她会留下来领薪水，却不做任何有意义的事情。他们花在社交媒体上的时间越来越多，走廊上的讨论更多的是关于大学篮球（NCAA）季后赛，而不是新的计算机算法。创新早已被抛在脑后。

紧握权力会导致苦涩，以及伤害。当天才们发现所拥有的权力难以实现目标时，他们就会开始认为这份工作是不值得的。他们认为你是主要的障碍，但却无能为力。当老鼠受到消极的体验时，比如轻微的电击，它们无法避开，它们只是一动不动地躺在那里。这和因为需要钱而不能离职的天才是一样的。她觉得无法解决眼前的问题，但又无法换工作，于是她学会了听天由命。

紧握权力的警告信号

那么，你如何能够识别，自己紧握权力和资源是否扼杀了团队的创造力和生产力？如果你足够自觉，就会有一些早期的警告信号，让你可以给创造力让路。当出现以下情况时，你就是在紧握权力：

- **你坚持审批每一项支出和每一项实验。**这不仅包括审批新设备和用品，还包括审批培训。你决定每个特定的任务和资源，而不仅仅是整个项目的目标。你成为项目中的瓶颈。没有你的同意，什么也做不了。
- **你还要审批微观事项，也就是说你要审批项目的每一个细节。**天才的每一步都要经过一次又一次的认可。审批微观事项增加了对天才的控制。通常，这种类型的领导者喜欢靠从中作梗体现存在感，声称自己从来没有批准这些事项，让天才怀疑之前被批准的到底是什么。这种操纵会让团队产生恐惧，并大规模抑制创造力。

　　这种领导方式还有其他缺点。审批微观事项会让你非常忙碌，让你觉得自己是被需要的，这能够强化你的自尊。因为你让自己很忙，有些事情为了等待你批准可能被拖上几个星期。你拖慢天才的速度，让他们沮丧。你可能没有意识到这一点，并且可能会否认。领导者不应决定需要购买什么，或者做实验的最佳人选。应该做这项工作的人会比你做出更明智的决定。如果你不能为天才提供他们需要的东西，你就很难让他们承担责任，因为不掌控权力让他们为失败找到了借口。
- **你对天才成功的衡量标准是模糊的。**你的期望是模糊的，因为你想要权力去改变它们，避免为失败负责。你想控制天才的进步，你想自己定义成功。不交流对成功的衡量标准是一个明确的信号，表明你不相信天才或你自己能够取得成绩。更糟的是，你甚至可能不知道成功是何种样子的。

每个强大的团队在项目开始时做的第一件事就是定义可度量的成功结果。你应该主导这场对话，而不是阻止它。

- **你没有及时给出明确的反馈。**这种反馈应该更多的是鼓励而不是批评，更多的是过程而不是微观管理方向。你的工作是设定目标，而不是定义在实现这些目标过程中的具体步骤。当天才发挥作用时，让他知道过程是美好的，即使他现在没有取得多大的进步。你应该像庆祝一个成功的成就一样庆祝一个成功的过程。

正如著名橄榄球教练比尔·帕斯尔斯（Bill Parcells）的一句名言：成绩始终重要，你的成绩就是你自己。如果过程正确，就会有进步。当天才的过程有缺陷时，专注于如何改进它，而不是追究出了什么问题。

- **你经常庆祝自己的成就，而不是别人的成就。**生物技术巨头渤健公司[①]（Biogen）有一面墙的牌匾，上面写着该公司拥有的专利，以及发明这些专利的科学家的名字。每次获得一项新专利，他们都会用香槟庆祝，挂上牌匾。获得专利的科学家们会按响一个巨大的铃铛，铃声回荡在走廊里，所以每个人都知道发生了什么。

---

① 渤健是一家美国全球生物技术公司，成立于1978年，总部位于马萨诸塞州剑桥市。公司专门从事研究和开发神经变性、血液和自身免疫性疾病的药物。——译者注

"铃声一响，我们就会从实验室和办公室里出来，"渤健前首席科学家伯特·阿德尔曼（Burt Adelman）解释说，"我们在牌匾墙前面庆祝，庆祝这项专利。它提醒我们，我们正在进步。我们成功了。"

- **你让你的团队按照你的时间表工作，而不是他们的。** 你经常在一天中效率最高时召开会议，而且会议时间很长。作为领导者，你必须确保你团队的天才有时间专注于项目的问题。如果你在不固定的时间来参加即兴讨论，他们会很开心，但效率会降低。领导需要精简工作流程，而不是不断地打断它。

- **你很少要求项目的实时输入。** 反馈会让你感到威胁，因为它会让你的领导力受到质疑。你甚至可能没有意识到你在做任何决定时都避免寻求反馈。你利用与团队的会议来传达已经做出决定的信息，而不是在做出决定之前进行讨论。

- **你在团队中制造了一种恐惧的氛围。** 如果你对失败的恐惧多于对成功的喜悦，那么你就是在通过惩罚任何偏离既定道路的行为来加强控制。通过恐惧统治是一种典型的极权主义领导风格。它能让你控制整个团队。如果你是一个专制的领导者，你的团队将永远不会诚实地对待他们的进步，他们也永远不会为了取得技术突破而冒险进行创造性的飞跃。

你可以通过一些微妙的方式制造出恐惧的气氛。仅仅是对实验的花费感到愤怒，就能让一个天才害怕与你谈论创新。你可能在不知不觉中制造了一种恐惧的气氛。你的团队中最优秀、最聪明的人会离开，而这样的团队领导者很少能取得成就。

下放权力的五个障碍

为什么领导者紧握权力而不听取意见？即使他们知道当员工拥有创造性解决问题的自由时能够最大化创新，他们仍然会这样做。以下五个原因，可能会解释为什么你无法下放权力：

- **你不确定自己有领导天才的能力。** 如果你不信任自己，就很难信任你的团队。团队中的天才们很快就会意识到你不信任他们，但他们不会知道你的不信任实际上是对自己缺乏信心。缺乏安全感的领导者无法创造性地倾听，因为这种倾听涉及放弃对沟通甚至沟通主题的控制。你可能没有意识到你在紧握权力。你觉得团队需要你，否则就会失败。这种不可或缺的感觉对你的自尊很重要。我甚至见过一位领导凭空发明了一种紧急情况，需要他进行干预。领导者选择一个无关紧要的问题，把它吹得不可思议，然后跳出来，给出如何面对这种"紧急情况"的指示。

- **你不想培养任何人来领导一个项目。** 培养天才来做领导工作是需要时间的。通常，当你成功培养某人执行某项任务时，对该任务的需求这时也结束了。你不妨自己来做。虽然培养一位新领导需要时间，但最终它提高的生产率远远超过投入的时间。一个训练有素的天才可以在以后多次完成这项任务，你再也不用亲自去做了。

你可能会说服自己，你能把任务做得更好。这是一种很危险的心态。当你开始认为你是不可替代的，很快你就会觉得只有你自己才能做出正确的决定。如果你认为只有你才能做出正确的决定，那么任何人都不可能提出更好的方案。你会停止自我评估，你内在的偏见会束缚天才的创造力。

如果一个项目有可能取得惊人的成功，领导者可能会担心，如果他授权太多会失去荣誉。我见过一些才华横溢的科学家，他们以朋友的身份开启了事业，但当项目成功时，他们变成了死敌。首先分离出控制甲状腺和性腺激素释放的大脑蛋白质的两位科学家——罗杰·吉列明（Roger Guillemin）和安德鲁·沙利（Andrew Schally）——起初是朋友和合作伙伴。而当这个项目引起了人们的注意，并开始被讨论有可能获得诺贝尔奖时，他们分成了两个相互竞争的实验室，每个实验室都担心对方窃取他们的数据。两人都在 1977 年获得了诺贝尔奖。

- **你真的很喜欢做你将要放弃的工作。** 在这种情况下，你将放弃一条你工作的原因。在我曾经担任过的一个领导职位上，我不得不把我自己专业领域内的一个项目的直接管理权移交给我的一个部门主管。我完全相信他有能力管理这个项目，但我也很喜欢这个项目。不再管理这个项目让我有一种失落感。我花了好几年的时间才端正自己的心态，让他去做他的工作。

我处理这种情况的方法是更经常地与那个部门主管会面，听听项目进展如何。我尽量不对每一种情况都发表意见。在那些会议上，我沉浸在亲自监督项目的感觉中。会议结束，我也就离开了。

- **资源是有限的**。这个障碍可能是你无法控制的，你必须学会接受环境的限制。如果你缺乏资源，你必须小心地引导资金和基础设施。你和你的天才必须优先考虑每一项支出和实验。你的团队不可能建立他们想要的每一个模型，也不可能做每一个实验。

  当资源匮乏时，把选择方向的任务交给一个天才对一个领导者来说更加困难，因为领导要对结果负责。即使在这种情况下，移交权力仍然是提高天才创造力的最佳方式。

- **你的上级权力界限模糊**。这种权力的模糊可能导致相互矛盾的指示。当你要求明确指示时，结果可能是更加困惑。你无法授权，因为你甚至不确定目标是什么。

如果发生这种情况，有可能是你的两个上级正在争夺对组织的控制权。你很容易成为他们共同的敌人、斗争的焦点。他们将享受短暂的休战，把你解决掉，然后再次相互攻击。在这种情况下，你需要向两个上级明确说明团队的目标，这样你的意图就不会受到怀疑。

在权力受到限制时领导

有时你的上级可能会限制你对一个项目的权力，以至于很难完成任务。例如，你可能被授予领导团队的权力，但你不能雇用或解雇任何人。你只是一个被美化的顾问。

一个职位很高，但其智力并不足以匹配职位的上级，可能会限制你的权力。除非你的老板善于自我反省和自我纠正，否则他会缺乏安全感，大部分精力都用来自我保护。你的奖励甚至你的职位都可能取决于你的团队完成的项目，但是你没有雇用/解雇的权力，没有签署资源的权力，甚至不能对团队成员进行年度考核。

你确实有一个优势：你领导了一个天才团队。他们更喜欢对一个重要项目的共同承诺，而不仅仅是服从。要想出类拔萃，他们需要内在的动力和高度的创造性，这两个特点并不取决于你是否有权力。他们需要的是你对团队的承诺和对项目的投入。天才的创新可以克服你的上司对你的权力的限制。

动力可能很复杂，因为在这些情况下，你通常没有能力奖励或踢出团队成员。你不能以任何后果相威胁，因为你不太可能实现这些后果。如果你诉诸这种威胁，你很快就会失去作为领导者的信誉。确定和阐明共同的目标，并解释采取行动的逻辑原因，可以在你的权力有限时改变团队的行动路线。

下放权力是什么样子的

天才的标志之一是，聪明的人可以建立别人看不到的联系。只有当天才能够自由地建立这些联系时，这种概念上的融合才会发生。

凯瑞·穆里斯（Carey Mullis）是聚合酶链式反应（polymerase chain reaction，PCR）的构想者。他在圣地亚哥一家规模较小的生物技术公司赛特斯（Cetus）工作，该公司给了他测试PCR是否可行的自由。他们没有限制他的时间，给他相应的资源，也没有审查他的每一项实验。赛特斯和20世纪80年代的许多其他小型生物技术公司有一点做得很好，他们将实验的权力授权给了天才员工。由于这种自由，赛特斯获得了PCR的第一项专利，最终以3亿美元的价格卖给了霍夫曼·罗氏（Hoffman-LaRoche）。

这笔交易对两家公司都有好处。它让赛特斯免于破产，并且对于这样一项革命性的技术来说，这个价格是很划算的。霍夫曼·罗氏在短短几年的时间里就获得了约20亿美元的特许权使用费，并为PCR项目创建了一个新的仪器设备部门，该部门也获得了丰厚的利润。许多年后，当穆里斯获得诺贝尔奖时，他说："我的成功源自正确的时机。"

相信天才

为一个给定的项目移交权力是信任的一个显著表现。能够放下权力，为天才让路，是建立在信任的基础上的。如果你相信一个天才的才智和性格，如果你相信这个天才不会滥用权力并能把工作做好，那么你就很容易下放权力。有了这种信任的证明，天才很可能会对项目更有责任感，工作更努力。如果你对权力的转移感到不安，那么你要么不信任自己，要么聘用了错误的人。

信任是你和天才之间关系的基础。你必须相信天才是有创造力的。当天才觉得自己更能掌控自己的工作环境时，他们就会更愿意拓展自己的目标，采用新举措。你可以在不压制他们的情况下引入新的探索途径。

最后，为天才让路对你也有好处。当你把一项任务的所有权转移给一个天才，让开道路时，你得到的会比你失去的多得多。不可思议的发现之所以会出现，是因为天才掌握了自己的命运，并能自由思考。每个天才的内心深处都是一个拥有第一套乐高玩具的孩子。不要限定乐高的数量。新发现的惊奇和玩耍的感觉比你想象的更能激发天才。权力的转移对领导非天才的人没有那么大的帮助。大多数员工需要明确的工作方向和严格的指导方针。

图 4.1 展示了一个不信任自己的领导者是如何禁锢团队中的天才的。当领导者不进行自我评估和自我纠正时，他们开始不信任自己。如果你的团队成员比你聪明得多，你会感到不安。你的

缺点和他们的才华随着时间的推移会越来越显著。为了保持自己的形象，即你因为内在的能力而值得成为领导者，你必须欺骗自己。

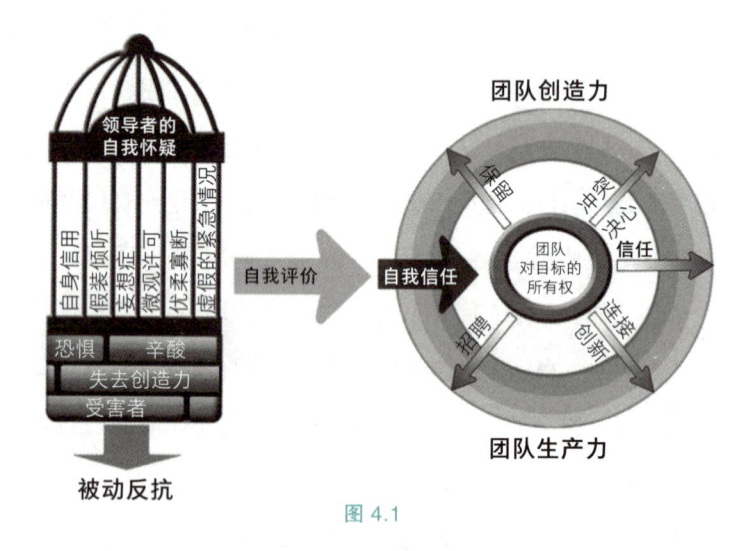

图 4.1

如图所示，当一个领导者缺乏安全感时，他的行为方式就可能会限制团队中的天才发挥其能力。

自我评估型的领导者将项目的所有权移交给天才。只有领导者足够相信自己时，这种情况才有可能出现。自信增加了他将权力移交给天才并让出道路的能力，这表明领导者信任天才。当天才掌握项目的所有权时，他们就不仅仅是为了报酬工作，而是因为他们相信项目的目标有更重大的意义。有了领导的信任，天才才能充分发挥创造力。

当天才们对自己的工作感到兴奋时，就能使公司招聘到更优秀的人才，同时提高员工保留率。整个团队更加信任彼此，因为他们共同的目标意味着他们重视相同的价值观。共同的价值观能使双方更容易在争端中找到共同点，并能更有效地解决冲突。优化招聘、留住员工、解决冲突，以及最重要的是，被信任的感觉，会比你用自我怀疑禁锢天才带来更高的效率。

重要启示

- 只有当你相信自己时，你才能够信任天才。

爱因斯坦的老板

Einstein's Boss:
10 Rules for Leading Genius

第五章 规则3：闭嘴倾听

技术革命创造了许多新的沟通方式，而这正是大多数公司涌现出大批天才团队的原因。我们的生活充满了各种移动设备，例如电子邮件、短信、视频和互联网邮箱。这同时也意味着世界上的噪音数量成倍增长。

比起所有外界的噪音，我们更感兴趣的是表达自己的想法，而不是倾听别人的想法。对于领导者来说尤其如此。即使听到别人讲话，领导者也不会倾听。

为天才让路的最好方法，就是闭嘴倾听。用心倾听的行为本身就意味着你已经放弃了对他人的权威。你已经平息了头脑中的噪音。事实证明，倾听是领导者要学会做的最难的事情之一。

倾听话语的内涵

1937年，IAS董事会的两名成员，塞缪尔·莱德斯多夫[①]（Samuel Leidesdorf）和赫伯特·马斯（Herbert Maass），向弗莱克斯纳抱怨普林斯顿的反犹太主义。两人儿子的入学申请都被普林斯顿大学拒绝。犹太教职工支持他们的主张，也认为普林斯顿的反犹主义令人发指。马斯和莱德斯多夫建议减弱IAS与普林斯顿的联系。他们建议全体数学系教师搬出他们与普林斯顿大学共用的大楼，搬到IAS所有的新富尔德大厅（Fuld Hall）。他们还希望教师在IAS的决策中有更多的发言权，因为弗莱克斯纳对普林斯顿的种族偏见视而不见。

弗莱克斯纳起初对这些说法持怀疑态度。他承认，普林斯顿大学可能存在反犹太主义的孤例，但他不认为存在普遍的制度性歧视。弗莱克斯纳对自己与普林斯顿大学的关系非常敏感，因为他为了成立IAS数学系而挖走了普林斯顿大学最有前途的两位数学家维布伦（Veblen）和亚历山大（Alexander）。

弗莱克斯纳没有理解的是，这些抱怨与其说是针对反犹太主义，不如说是针对IAS的总体发展方向。鉴于弗莱克斯纳一直在招聘新教员和在不相干的考古发掘上花钱，教员们对自己的工作和养老金问题感到担忧。弗莱克斯纳听到了对普林斯顿大学反犹

[①] 塞缪尔·莱德斯多夫（1881—1968），国际知名会计师，他创办的会计师事务所后来被合并为安永会计师事务所。——译者注

太主义的抱怨,但他没有理解这些抱怨的深层含义。

一年后,教员们找到弗莱克斯纳,要求在董事会中有更多的代表,在任命教员及评选下一任院长时有更多的发言权。在与全体教职员工的一次会议上,数学家詹姆斯·亚历山大(James Alexander)表示,普林斯顿大学的反犹太主义是教职员工想搬到新富尔德大厅的原因。教员们公开指出这一点,这让弗莱克斯纳感到不安,有一部分是因为是他感谢普林斯顿大学在IAS成立之初提供的帮助,并不想冒破坏关系的风险。此外,这项指责也有点针对弗莱克斯纳本人的意味,暗示他忽视并纵容了这种歧视。而弗莱克斯纳的回应是,宣布不再召开教员会议,并拒绝了增加教员代表人数的要求。

教员们提出这一主张的根本原因是,他们希望对IAS的管理有更多的控制权。他们担心弗莱克斯纳会让IAS破产,这样他们就会失业。他们用这种方式引起人们对他们真正想要的东西的注意。然而,弗莱克斯纳没有花时间去倾听和理解教员们想要告诉他的事情,只是听到了教员们对反犹太主义的指责,而没有理解他们的真正意图。

听到别人说话和真正地倾听别人说话是有区别的。弗莱克斯纳听到了这些话,却没有领会其中的含义。我们倾向于孤立地理解词语,而不将这些词放在上下文的情境中体会其含义。一如弗莱克斯纳没有领会教员们所说的话的深层内涵。

教员们开始反抗弗莱克斯纳的领导。他们给班贝格家族和其他董事会成员写了投诉信。不到一年，他们就成功地罢免了弗莱克斯纳研究院院长的职务。

不倾听的代价

商学院会讲授许多灾难性财务失误的案例。在这些案例中，如果首席执行官真正倾听，财务失误是本可以避免的。《纽约时报》曾采访过于 1975 年发明第一台数码相机的柯达工程师史蒂夫·萨森（Steve Sasson），记者向他提问，当他向柯达高管提出这一想法时，情况如何。"这是一种无胶片的拍摄技术，所以管理层的反应是，这很可爱——但不要告诉任何人，"他说。柯达非常担心数码摄影会蚕食他们的胶片收入，所以他们将它束之高阁。他们是对的，数码摄影最终吞噬了整个胶片产业。

这些工程师领先他们的时代几十年，而柯达却无视这些工程师的建议，从而做出了糟糕的决策。将数码摄影束之高阁并不是柯达最后一个糟糕的决策。21 年后的 1996 年，当他们终于开始使用自己的数码摄影技术时，他们上马了价值 5 亿美元的安狄凡施系统（Advantix system）。这个系统允许摄影师预览照片，并选择他们想打印的照片。安狄凡施本质上是一个数码相机，但仍然需要用户打印照片。柯达花了 5 亿美元将一项新技术应用到旧款式上，因为他们想挽救胶片产业。

毫无疑问，它失败了。为什么有人会买数码相机，却还要为胶卷和打印付费呢？柯达领导层听到了他们工程师的陈述，但没有听懂这些话的意思。他们的自我保护意识最终超过了他们识别创新的能力，让公司走向了灭亡。如果现在的商业计划仅仅依赖于一项一成不变的技术，那么该公司就处于严重的危险之中。

百视达[①]（Blockbuster）是另一个CEO倾听失败的例子，这导致了一场重大破产。网飞（Netflix）联合创始人里德·哈斯廷斯（Reed Hastings）曾试图让百世达首席执行官约翰·安蒂科（John Antico）以5000万美元的价格收购他的公司。网飞前首席财务官巴里·麦卡锡（Barry McCarthy）记得，他曾与哈斯廷斯等网飞高管飞往得克萨斯州，与安蒂科及其员工会面。

麦卡锡说："里德向他们提议，让我们在网上经营他们的品牌，而他们在线下商店里经营（我们的）品牌，结果他们几乎笑着把我们赶出了办公室。"

百视达认为，网飞的业务只是一个细分产业，而不是颠覆市场的新技术。他们打赌，新技术不会损害他们的业务，但他们错了。百视达的创始人和高管本可以套现股票，实现多元化。但成千上万的员工和小投资者都是这场赌博的输家。领导者不听从团队的一个原因是，很少失败。

百视达最终决定迎合市场需求，拍摄网络电影，但却选择了与安然（Enron）合作——信不信由你。百视达与安然的电信部

[①] 百视达是一家总部位于美国的家庭电影和视频游戏租赁服务提供商。由于来自网飞和Redbox等公司的竞争，百视达失去了可观的收入，并于2010年9月23日申请破产。——译者注

门签署了一份为期20年的协议,但在9个月后,当安然开始陷入死亡旋涡时,百视达取消了该合同。

网飞拥有革命性的商业模式,会导致百视达被市场淘汰,但安蒂科不明白哈斯廷斯提出的建议的含义。他没有真正地倾听。由于他没有理解这种模式,百视达已经于几年前破产,而网飞的市值在2015年达到了约190亿美元。

柯达和百视达的经典商业案例表明,他们曾经有一个好机会,让自己能够保持行业内的龙头地位。当他们的基础技术太过陈旧时,他们由于固守过去的胜利而未能做出改变。而我宁愿认为,他们的失败是因为领导者没有听从其他人的好主意。

周围所有的噪音会让你更容易听从自己的意见,而忽略所有与外界的交流。你可以说服自己,你已经听到了客户的需求,并满足了他们的要求,但实际上你可能并没有真正倾听他们在说什么。如果你只是不断地在心里重复你想让他们说的话,它就会变成你所认为的现实。你以为他们真的说了你以为你听到的话,因为你已经对自己说过很多次了。傲慢会使情况变得更糟。你开始认为,你知道对客户来说什么是最好的,不是因为你听了他们说的话,而是因为你是一个领导者。

为什么领导者不倾听

也许在最基本的层面上,我们并不倾听对方,是因为我们觉得自己能读懂对方的内心。我们认为自己在别人开口之前就知道他要说什么。一项研究表明，人们经常高估自己对他人想法的了解程度。这项研究的参与者不仅误解了他人的想法，而且他们没有意识到自己对别人的误解。

我们误解了别人的想法，是因为我们没有意识到他们和我们有不同的思想。我们认为我们知道别人会说什么，是因为我们假设她会和我们说相同的话。

"挑战者号"航天飞机（the Challenger space shuttle）失事就是一个倾听失败的可怕例子。当时因为发动机周围的 O 形圈变形，工程师们向任务领导表示了担忧，但任务领导认为这种提醒只是任务前常见的紧张情绪。结果在起飞过程中，O 形圈导致泄漏，燃料爆炸，机上 7 人全部遇难。工程师们代表了另一种意见，说着一些尴尬而不受欢迎的话，总被任务领导人无视。纽约大学商学院助理教授凯利·西（Kelley See）表示："（无法倾听的）原因之一，是提供信息的人与负责情况的人之间的权力关系。"

底层研究（subaltern studies）的概念产生于历史研究。这一理论的基础是，为了维持现状，现有的范例通常不会重视新颖的思想。新思想成为次要的选择。底层历史学家指出，人们很难听到超出他们预期的想法。当呈现的信息与当前的文化或经济观点不直接相关时，人们会发现很难听懂一个人说的话。当一个具有创新精神的演讲者超出了我们预期的极限时，我们往往会停止倾听。如果我们听到来自底层的声音，我们经常会歪曲叙述，使其符合普遍的期望。只有在悲剧发生后，我们才会对底层的声音给予足够的重视，发现其与我们所感知的有所不同。

权力胜过专业知识

忽视不同的意见在今天的组织中很常见。领导者通常会将创新概念归入已经失败或已经实施的类别中，从而降低这些概念的可信度。领导者这样做有几个原因。如通过将创新想法归类到现有类别中，他们获得了对其的权力，并保留了自己的权威地位。又如一些领导人对自己无法理解的想法感到不安，于是他们将创新归类为现有的种类，以便说服自己已经真正理解创新了。最后，一些领导人可能过于自满，并且由于实施一个新的理念需要付出艰苦的努力而作罢。

领导者和天才之间的权力差异可以让领导者不重视天才所说的话。一项研究发现，仅仅拥有权力就会降低领导者倾听的可能性。有权有势的领导人经常无视新手和专家的建议。他们之所以这样做，是因为他们对自己的判断过于自信，而且他们觉得自己在与提供建议的人竞争。他们担心，来自下属的创新将证明他们的作用可有可无，并可能导致自己被取代。

该研究还表明，感觉自己没什么权力的新手和专家会仔细权衡来自其他人的建议，但极度相信他们认为有权力的人的建议，不管这个人是否在该领域有专长。对权力的认知胜过对专业知识的认知。

如何让掌权者倾听

由于不进行倾听的潜在后果，你可能会想，为什么领导者不努力做到更好地倾听。一个原因是，一个领导者的权力越大，他因为犯错而受到惩罚的风险越小。有权势的领导者不太可能被别人的想法说服。一项研究表明，有权势的领导者不关注他人的想法，因为他们不想感到被约束。他们没有理由像你一样思考。他们不在乎，因为后果无关紧要。

在一个组织中拥有权力可以使领导者在不征求专家意见的情况下做出仓促的决定，因为对一个有权力的领导者来说，犯错的后果较轻。对于最有权力的领导人来说，他们不太愿意为任何决策收集数据，也不太愿意认真听取别人对决策的看法。只要公司存续，有权有势的高管就能通过运用权力减少他们错误决策的后果。关键之处可能在于，再大的权力也无法扭转一个糟糕的决定。

高管级别越高，在结果发生之前做出的决策就越糟糕。由于不倾听而做出的糟糕决策的分量，最终可以摧毁领导者的权力基础。这可能意味着组织的灭亡。

如果仅仅是作为一个领导者就会让你面临不倾听的风险，那么你需要一些策略来避免这个陷阱。发现权力能够让领导者对他人的想法充耳不闻的研究做了一项实验，表明我们能够更好地倾听他人。当研究人员让有权力的领导者和提供建议的人产生合作的感觉时，领导者更有可能听取建议。

最后，那些在素质拓展时采用的愚蠢的团队建设演习可能并不是真的那么愚蠢。当你拥有合作的态度时，你就给那些为你工作的天才们树立了榜样。当他们成为团队的一员时，他们会倾听得更多。

一个优秀的领导者会建立一个正式的章程，使每个人都会更多地倾听他人的意见，并且采纳最好的建议。一个伟大的领导者可以让团队的所有天才都这么做。

如何判断自己没有在倾听

我用几种方法来防止自己不倾听。我几乎在所有预约过的交流中做笔记。随着平板电脑的出现，这变得容易多了。所有会议我都把平板电脑带着。

我的笔记质量表明我听得有多仔细。我将这些笔记用电子邮件发给自己，并把它们保存在我的日程表中，这样我就可以快速浏览任何会议上讨论的要点。我惊讶地发现，我对口头协议的记忆多次倾向于我这一方。而书面记录使我诚实。

提出一些深思熟虑的问题是改善倾听的一个重要方面。有些停顿是一个好现象。沉默意味着人们在思考刚才说了什么，而不是机械式地回复。一场没有任何停顿的快节奏对话可能看起来令人兴奋，但这可能不是最有效的沟通方式。快速的对话往往只是停留在表面。为了真正理解别人在说什么，你必须先停下来消化一下，然后才能做出深思熟虑的回应。

如果你在别人说完之前就想好了你的回答，那么你就知道你没有真正地倾听。通过使用类似终端的自动回复，你在假装参与对话，以避免花费更多的精力集中在对方说的话上。

也许判断自己是否在倾听最好的方法就是看你是否在讨论的基础上做了什么。根据建议采取行动是一项非常有效的团队建设练习。当你按照别人的建议去做时，就表明你听懂了别人说的话，并且别人的建议起到了作用。因为天才的建议而改变你的方向，能够极大地激励天才。

倾听的方法

我们都变得善于假装在参与对话。倾听的范围可以从完全不参与到双方都从中受益的积极的给予和获得。受《管人的艺术》（*The Art of Managing People*）的启发，我对四类倾听者的分类进行了调整，使他们与领导天才关联更紧密。他们是非倾听者、假装倾听者、事务型倾听者和创造性倾听者。

⊙ 非倾听者

非倾听者只与自己对话。讲话的一方还不如不在场的好。这种类型的倾听者的动机是在谈话中获得自尊，他们不在乎对方从对话中得到什么。非倾听者经常打断别人的话，把话题转移到跟他们自己有关的话题上。他们经常突然游离，然后争取最后的决定权。领导者掌握的权力越多，并且他们拥有权力的时间越长，就越有可能属于这种类型。处于同一职位多年的领导者不会意识到他们没有倾听。

⊙ **假装倾听者**

假装倾听者在交流中只使用了他们大脑的一小部分。他们会在谈话中说一些荒谬可笑的事情，因为他们并没有真正投入谈话中。他们的注意力大多集中在更有吸引力的事情上，比如即将到来的巴塞罗那假期。假装倾听者愉快地点头，并自动插入鼓励的话。

这种类型的倾听者处于"自动驾驶"状态，但如果一个词或短语吸引了他们的注意力，比如"奖金"或"晋升"，他们的注意力可能会突然回到对话中。他们有选择地倾听对话，并通常会误解对话的内容。

⊙ **事务型倾听者**

大多数人都属于第三类倾听者，事务型倾听者。如果我们想从中得到什么，我们会仔细倾听。我们听别人说什么，判断说话的内容而不与讲话者建立联系。我们是对话的参与者，但我们是以自己的方式参与对话的。我们基于我们以为的含义形成观点，而不是基于讲话者的意图形成观点。

我们用这种形式的倾听来交换信息，但只是以一种必要的方式。我们想从对话中获得一些东西。如果有付出和收获，那是因为我们在做一个潜意识的交易，用自己的努力去换取讲话者的信息。这种类型的倾听者野心勃勃，可能不像表面上看起来那么忠于天才。

⊙ 创造性倾听者

创造性的倾听者可以在任何对话中发现创新。他们为讲话者增加了价值。他们完全沉浸在讲话者的表达中。他们能读懂肢体语言。他们看着对方的脸，因为这是衡量这个话题对讲话者有多重要的最佳标准。他们会仔细倾听语调的变化和用词的细微差别。在回答之前，他们默默地消化所听到的话。

他们的回答是经过深思熟虑和独特的，而不是机械式的。这些回答不是只关乎他们自己，而是针对演讲者对这个话题的想法。他们的回答令人鼓舞，让人感到安全和舒适。创造性倾听者希望演讲者尽可能地就这个话题提供最好、最有创意的想法。

创造性倾听者从与团队中天才的对话中得到的收获最多，因为天才们可以用他们自己的方式自由地交流。天才们可以自由地表达自己，在那个开放的空间里，他们可以最大程度地发挥自己的创造力。这种类型的对话孕育了伟大的想法。

我父亲和他的同事共同发现了一个方程式，它能让太空飞行器在燃料燃烧殆尽之前重返大气层。他告诉我，这个想法来自与加州理工学院（California Institute of Technology）教授莱斯特·李斯（Lester Lees）的一次偶然交流。他们当时在聊一些与重返大气层无关的事情，这时李斯的话引起了我父亲的共鸣。我父亲问了一个无关紧要的问题，然后又问了一个，最终他们形成了方程式的轮廓，因为他们创造性地互相倾听。

创造性倾听的工具

要领导天才,你必须练习创造性的倾听。如果你使用以下工具,你将能更好地与天才沟通。

- **直视讲话者**。当你直视某人时,你的思绪就很难游离。你可以观察对方的面部表情和肢体语言。交叉双臂或双腿可能意味着他们处于防御状态,感到不舒服。这可能意味着他们不同意你的观点,但又不敢说出来。不直视你的眼睛可能意味着他们在掩盖真相,或者他们对自己所说的话感到尴尬。或者,他们只是在社交上有些笨拙,这对天才来说很常见。当人们说话时,密切观察他们是很重要的,这样才能注意到一些细微的差别。
- **尽可能让讲话者感到舒服**。让说话的人知道你在听,这表明你重视她,并且她说的话对你很重要。因为和你这位领导者交流,可能会引起对方的焦虑,特别是对于在社交方面比较笨拙的天才来说。使用鼓励的话和点头来帮助说话者更加能够展示自我。我建议不要和对方坐得太近,保持开放的姿势,直视讲话者,不要交叉双臂或双腿。用中性或鼓励的语气回答。
- **提供反馈**。在对话的间歇,回顾一下,做个总结,比如"我听到你说的是……"同时,问一些能让对话更深入的问题,例如,"如果这是真的,那么它的意思是这样的吗?"问问题不仅表明你在倾听，还能让天才在讨论中更进一步。你的问题可以打开新的视野，把对话带入一个创造力蓬勃发展、界限可以跨越的领域，进入一个从未有人探索过的、令人兴奋的新领域。

用问题来鼓励对方可以刺激参与者在一来一回中产生疯狂的想法。他们开始为复杂的问题提供创新的解决方案，增加能量，并取得重大概念进展。

- **不要对任何想法的价值做出判断。** 判断会阻碍进一步的讨论，扼杀创造力。在提出一个总结性的问题之前，确保讲话者有时间把一个观点完全展开。

尽量不要打断别人。可以适度沉默，因为它能让你思考刚才对方说了什么，让讲话者理清思路。

如果你在倾听时使用这些工具，你会传达出对他人的尊重。如果你不尊重讲话者，创造性聆听的工具对你就不起作用。最好的情况是，你最终会成为一个事务型的倾听者，评估对话中对你有用的内容。

创造性的倾听重视讲话者。你给了她你最珍贵的东西——你的注意力，因为你认为她值得。这里的关键词是"给予"。你不是在用你的时间去换取同等或更有价值的东西。对话并不取决于你从中得到了什么。讲话者并不着急和匆忙。她有犯错的自由，她最大的创造力来自这种自由。

创造性倾听如何提高生产力

如果你成为一个创造性的倾听者，你就能显著提高天才的创造力。这种参与式聆听可以提高士气。当你在做决定前征求意见并认真听取别人的意见时，你就提高了天才对这个决策的掌控感。天才会对这个决策的结果负责，因为他帮助做出了这个决定。这种互动证明了他的智慧，让他觉得自己掌握了自己的未来。

当每家公司都在寻找能够推动技术进步的天才时，你越能建立友谊和团结，天才就越有可能在团队中长期就职。创造性倾听能促进招聘和留住员工。我发现，我们在离职面谈中提到的最常见的离职原因之一是，员工们觉得他们的上司没有听取他们的意见。如图 5.1 所示。

如果员工认为没有人听取她的意见，她就不会再提出新想法。她会孤立自己，停止有意义的互动。员工会降低在团队中的参与度；她的生产力会下降；这个员工会越来越痛苦。

一个认真倾听的领导者可以避免许多冲突。你就像一个蒸汽阀——仅仅是让别人发泄就可以防止危机。同时你也是齿轮之间的润滑油，防止它们互相摩擦，让恼怒升级。

几十年前，在我上的一门医学法律课程上，一位律师讲道，医疗事故诉讼进入法庭最常见的原因不是不利的医疗结果，而是病人觉得医生不听他们的话。他接着说，仅仅是倾听病人描述他们痛苦的经历，和他们一起经历痛苦，就避免了大部分可能提起

图 5.1

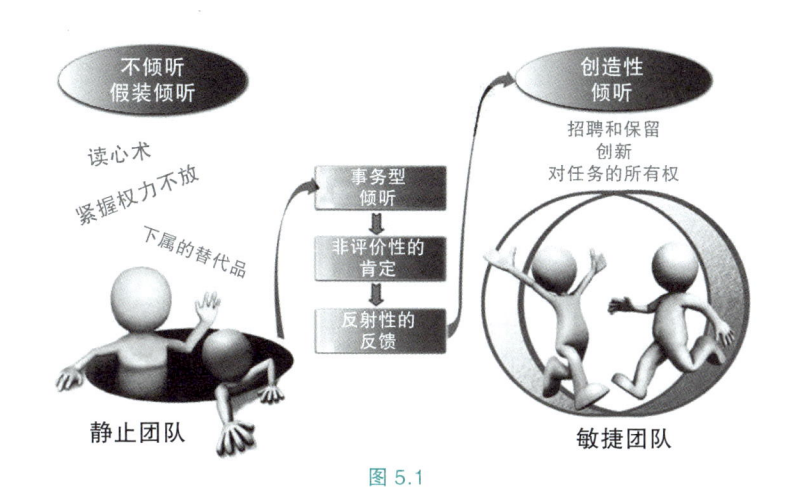

的诉讼。

医生是出了名的不良听众。许多医疗事故的发生是因为医生不听取病人的意见，也不听取彼此的意见。在我的部门，我们努力培养创造性倾听。我们不仅要倾听我们的病人，而且要在手术期间、研究实验期间或病例陈述期间相互倾听。

重要启示

- 在做决定之前，向天才征求意见，然后根据意见修改决策。这样他们就会对这个决策更加投入。

爱因斯坦的老板

Einstein's Boss：
10 Rules for Leading Genius

第六章　规则 4：将石头翻过来

必能宝①（Pitney Bowes）前副总裁弗雷德·普渡（Fred Purdue）曾说："当你把石头翻过来，看着下面那些蠕动的生物时，你要么把石头放下，要么说，'我的工作就是把石头翻过来，看看那些蠕动的生物。'"

将石头翻过来让别人看到下面所有丑陋的生物是领导极其聪明的人的重要基础，但说起来容易做起来难。这可能会令人尴尬、害怕，有时还会代价高昂。

另一方面，在决策中隐藏信息和欺骗他人实际上会让这些欺骗行为成为困扰组织未来的幽灵。在黑暗中，有一些事物在悄悄萌芽，直到它们变得太大而无法隐藏，这时你就无法控制会泄露出什么了。天才身上发生的许多问题都源于领导者的秘密和欺骗。

避免你的天才团队出现问题的最好方法就是让他们看到你的脑袋中所有蠕动的小秘密。秘密会制造问题，而透明会解决问题。

---

① 必能宝集团成立于1920年，总部位于美国康涅狄格州，是全球最大的邮资度量企业，提供一系列的设备、耗材、软件、服务。——译者注

真相会消除对你的任何攻击,并保护你免受未来的指责。俗话说,
"阳光是最好的杀毒剂。"

弗莱克斯纳的小九九

在 IAS 成立之初,弗莱克斯纳几乎所有的决定都是公开透明的。对于所有重大决策,他都会定期征询教员的意见,尤其是在举行下一次招聘时。他没有任何隐藏和个人相关的意图。他经常采纳教员的建议,因为他认识到自己并不是科学家。他与爱因斯坦讨论了首次招聘的所有事,并真诚地采纳了他的建议。他定期召开教职工大会,讨论所有的新方向,并与大家交流所有遇到的困难。

他经常邀请教师到他加拿大的避暑别墅与他和家人共度时光。他与许多教员都建立了私人关系,这增加了交流的透明度。在 IAS 成立之初,弗莱克斯纳就明白寻求和听取他人建议的重要性。他向许多全国知名的科学家征求意见,并花了好几个小时征求 IAS 聘请的第一批教员的意见。

由于大萧条时期 IAS 开始出现财务困难,并且班贝格家族对捐赠基金管理不善,弗莱克斯纳的决策不再透明。到 1937 年,他已经开始在没有征求任何人意见的情况下就做出决定,并且他的决定让所有人都感到意外。更糟糕的是,他没有向教员或 IAS 董事会解释任何他做出这些决定的原因。

数学系主任奥斯瓦尔德·维布伦（Oswald Veblen）一再敦促弗莱克斯纳建造一座 IAS 自有的教学楼作为数学系的办公场所，这样他们就可以离开与普林斯顿大学数学系共用的大楼。弗莱克斯纳拒绝了他的要求，但没有解释他面临的财务问题。他也很难说服班贝格家族继续支持 IAS。

维布伦没有意识到弗莱克斯纳是在如此紧张的财务状况下管理 IAS 的，因为弗莱克斯纳从未告诉过他。弗莱克斯纳可能认为，承认财务困难会暴露他作为一个领导者的弱点。事实上，IAS 的不透明和财务掩盖问题，更加削弱了他的领导力。

这种分歧是教员们不满弗莱克斯纳领导的早期原因之一，而这后来演变成全面的对抗。维布伦觉得弗莱克斯纳没有听他的话，因为弗莱克斯纳拒绝维布伦的理由根本站不住脚，而且从来没有解释过他做出这个决定背后的真正理由。

当弗莱克斯纳为新成立的经济学院聘请了几位教授，并以比其他教员更高的薪水聘用他们时，缺乏透明度的问题再次浮出水面。弗莱克斯纳心中有一些杰出的聘用人选，他想在退休前聘用他们。他被迫在著名经济学家和公平的薪酬之间做出选择。

他没有向董事会和教职员工说明财务方面的考虑，以使他们理解他的顾虑，而是试图为这种不公平找到理由，指出欧洲的学术机构往往在同一职位上有不同的薪资。但他的辩解在工资比高级教职工低的教员们看来却十分空洞。

弗莱克斯纳曾承诺提高工资的公平性，但却以更高的工资雇用了更多的教师。董事会的一名成员将谴责工资不平等的信件群发出去,这在全体教员中引起了轩然大波,因为他们都不知道工资有两级。一些人威胁要退出 IAS。

在弗莱克斯纳的任期结束前,他甚至变本加厉。他聘请了几名教员,其中包括哈蒂·戈德曼(Hattie Goldman),他们的薪资竟然低于 IAS 成立之初聘请的教员,他承诺一旦财务状况好转,他就会给他们加薪。相反,他利用本可以提高低收入教师工资的资金,以更高的工资聘用新教师。等待加薪对工资较低的教员来说是难以忍受的。

欺骗的代价

一旦谎言被发现,任何人都很难再信任你。更糟的是,谎言会自我繁殖。因为谎言在现实中没有根据,所以随着时间的推移和观点的改变,谎言需要不断努力隐藏真相。谎言需要新的谎言来掩盖真相。谎言像绦虫一样在你的组织中移动,从团队中吸食越来越多的能量。领英(LinkedIn)首席执行官杰夫·韦纳(Jeff Weiner)表示:"我开始明白,透明会产生良性循环,而模糊会造成恶性的循环。"谎言需要更大的努力来圆谎,而且比真相受到的惩罚要大得多。

当我询问来自全国各地的 491 位医学院系主任,他们最希望领导者具有什么品质时,言行一致是最常见的答案。天才需要知道你说的是真话，并信守诺言。

混乱中的领导

在许多组织中，领导者掌握信息，因为他们把信息视为权力的源泉。一些领导者认为，秘密能确保他们自己的生存。秘密让领导者可以随意改变目标，制造虚假的紧急情况，让天才失去平衡，并使领导者作为唯一了解危机的人得以保持权力。我称之为混乱中的领导，它剥夺了天才的权利，降低了团队的生产力。

秘密可能变成敌人攻击你的武器。透明可以消除危险情况，而欺骗会增加任何分歧的代价。

混乱中的领导者必须不断提高赌注，否则他们的团队就会跟进，并开始理解正在发生的事情，这就是欺骗是如何引发更多欺骗的。爱因斯坦曾经说过："在小事上不注意真相的人，在大事上就不能得到信任。"

这里要说明的是，"不要被抓住"。有了社交媒体、联邦政府对公私共分罚款之诉[①]检举人的激励，以及电话视频，你的秘密被公之于众的概率很高。维基解密已经多次证明了这一点，尤其是在2016年的总统大选中。这里想要说明的是，欺骗是不值得冒险的。

[①] 公私共分罚款之诉为林肯政府于1863年颁布的《反欺骗政府法》中的条款，授权个人以联邦政府的名义对欺骗政府的行为提起民事诉讼，以追回联邦政府受到的资金损失。——译者注

辉瑞公司（Pfizer）最近同意支付 23 亿美元，以平息他们在销售止痛药戊地昔布（Valdecoxib）和其他三种药物时存在欺诈行为的指控。这一花费还不包括可能来自和解诉讼的监管罚款。有证据表明，戊地昔布会增加患心脏病的风险，但辉瑞在其营销中掩盖了这一点。他们还偷偷花钱支付医生度假的费用，好让他们给病人开这些药物。

此次和解是美国公司史上规模最大的欺诈性营销行为和解。辉瑞最开始否认了指控，并与之对抗，而代价却不断升高。他们本可以揭露自己的错误，并实施计划，防止此类错误再次发生，从而节省大量的时间和金钱。与辉瑞股票价值缩水一半相比，这笔和解费显得微不足道。在诉讼期间，该公司的市值蒸发了 1000 多亿美元。他们现在面临着一场旷日持久且代价高昂的股东诉讼，以及被控在此期间对公司管理不善。

金钱会让你很容易被某些数据欺骗，尤其是当这些数据让你的产品看起来很糟糕时，但欺骗行为最终会让你付出更大的代价。例如，1983 年，菲利普·莫里斯（Philip Morris）公司的两位科学家维克托·德诺布尔博士（Victor DeNoble）和保罗·米尔博士（Paul Mele）想要公布他们的发现，即尼古丁具有成瘾性。然而，菲利普·莫里斯公司不仅禁止他们公布这个事实，而且还竭力掩盖这些数据，因为这对公司业务的影响十分可怕。研究结果表明，尼古丁使吸烟者对含有致癌焦油的烟草上瘾。他们故意隐瞒事实真相是造成创纪录和解费用的理由之一。

鉴于社交媒体和互联网搜索引擎对几乎所有商业活动的入侵，无论你想不想，透明都无处不在。

"我们生活在一个无法回避的声誉经济时代，"克莱夫·汤普森（Clive Thompson）在《连线》（*Wired*）杂志上写道，"谷歌不是一个搜索引擎。谷歌是一个声誉管理系统。这也是许多首席执行官变得更加透明的最有力的原因之一：在网上，你的声誉是可以量化的、可以找到的，而且完全无法逃避。"

您不妨接受这种透明性。企业的外部性，即企业对环境和整个社会的溢出效应，是不可避免的。考虑到信息技术的爆炸式增长，外部性现在可以附加到您的组织中，不管您是否认为这种附加是正确的。

为什么辉瑞公司和菲利普·莫里斯公司的秘密如此之多？原因是他们都不知道**外部性**对公众来说已经不再陌生，而且公众更普遍地将外部性与公司及其产品联系在一起。

主动进行透明化的革命

本章提出了一些在当今高科技组织中具有革命性的理念，那就是要主动进行透明化。要在被别人要求之前就把石头翻过来。预测哪些信息是重要的，并在被要求提供这些信息之前，以及在做出任何决定之前就提供这些信息。不要等待被要求，当然也不要等待传票。

透明与史蒂夫·乔布斯的领导模式背道而驰。他要求对苹果下一步的发展方向保密。诚然，科技领域竞争激烈，但史蒂夫·乔布斯对自己的团队却是出了名的不透明。由于史蒂夫·乔布斯和苹果公司获得了巨大成功，许多科技公司也欣然跟进。乔布斯代表了一种冒险的模式，在这种模式下，个人魅力将团队凝聚在一起，而不是团队的共同价值观和目标。

我写这本书的目的之一就是为你提供一些工具，帮助你创建一个天才团队，这个团队即便脱离了你的领导仍然能够具有生命力。这些内容中描述的领导工具可以帮助你长期进行创新，即使在你离开之后，你的团队也会运转良好。

在没有被要求就向团队提供数据和分析之后，倾听他们的意见。然后允许根据团队的意见实时地形成决策。通过这种方式，天才就成了要解决的问题的一部分。

我想推荐一种更深层的透明化，比在做出决定之前主动提供数据和从天才那里获得意见更深一层的透明。我建议你在形成决定之前就让天才参与进来。领导者做出的决定往往并不能解决我们所担心的问题。天才可以帮助定义决策是否适用于问题。

透明意味着你愿意放弃对公司的部分控制权。这是一个大胆而勇敢的举动。透明需要天才的领导者保持平衡。它既危险又棘手，危险是因为它让你变得脆弱，棘手是因为你不是总能成功预测与决策相关的信息。如果你选择了错误的信息，你可能看起来像是在隐瞒一些重要的事情。如果你向团队提供大量的数据，那么这些数据量就会淹没真正重要的东西。

如果你有一个隐藏的计划或双重标准，天才就会揭露它。当你向天才隐瞒一个决定的真正理由时，你是在暗示你比天才明白得更多。你暗示他对你的推理过程没有任何贡献。这种环境只会加剧你和天才之间的不信任，降低创造力。

透明的好处

透明需要领导者付出更多的努力。要解释你为什么要朝某个方向前进是比较困难和费时的，但这是值得的。透明有三个切实的好处：

1. 透明度打造队伍的团结。
2. 透明度能让你避免犯错。
3. 透明度有助于解决问题。

让我们仔细看看这些好处。

⊙ **透明度打造队伍的团结。**

缺乏透明度会使领导者面临疏远团队的风险。当领导者不仅公开决策的数据，而且还公开决策的基本原理时，团队的效率会更高。

匹兹堡大学的一项领导力研究考察了一个筹款团队的慈善捐款。研究人员询问参与者，在他们捐款之前，是否想知道领导者的捐献数量。他们发现，99%的团队成员在承诺捐款之前都希望事先得到信息。研究还发现，当员工得到这些信息后，他们自己的捐款数额也会增加。

当你对一个天才隐瞒一些事情时，你就是在把他当作一个孩子，而不是团队的一员。通过隐瞒决策，你在暗示天才对你的推理过程没有任何贡献，贬低天才的智力肯定会疏远他们，因为一般来说，天才唯一确定的事情就是他们的智力。要向天才询问有关如何制定决策的意见，通过将天才视为可以与之进行推理和说服的同伴来验证和认识她的智慧。

⊙ **透明度建立了对领导者的信任。**

当你要求别人对你的决定发表意见时，即使这些决定不受欢迎，但天才会与你共同承担决定的责任。在一个复杂而令人担忧的决策过程中，你将不会那么孤独。

一个具体的决定可能会损害某一个部门，但对整个组织是有好处的。提前提供数据，并要求用其他方法实现同一个目标，使团队成为决策过程的一部分。员工们会分担部门即将削减资源的痛苦。

理想情况下，如果面临资源损失的部门成为寻求解救方案的一分子，他们就可能不会那么痛苦。这个过程的公平性意味着，他们可能是下一次获利的部门。这种类型的决策表明你是一个深思熟虑的人，避免让人觉得你的管理是随机的。

⊙ **透明度消除了团队互动中的猜测和流言。**

在透明的环境中，每个人都可以更加客观地看待团队的方向。

他们可以自己权衡利弊,并复盘你的思维过程。如果团队得出相同的结论,他们对你的信任就会增强。团队可能会提出一个创新的替代方案,它优于你提出的解决问题的模型。

在压力状况下透明尤其重要。如果你能解释一个决策的相关信息,并在决策之前得到适当的意见,那么每个人都将朝着同一个方向前进。正如上一章所提到的,团队将共同承担决策的责任,并且在面对逆境时更有可能保持凝聚力。

透明度是一个强大的凝聚工具,并且每个人都不会感觉被冒犯。如果不仔细权衡每个想法的优缺点和每个团队成员的能力,就不可能有真正的透明性。当团队的建议是你所提议的解决方案相对糟糕时,你就不会生气;当协商一致的解决方案重新分配了团队成员的资源或人员时,他们也不会生气。

⊙ **透明度是将优势与需求相匹配并创建可实现的战略计划的平台。**

透明度可能会增加做出和执行决策所需的时间,但我推荐的主动进行透明化并不会增加决策时间。通过在一开始就将天才引入决策过程,您可以客观地将团队成员的优势与所处理的问题相匹配,这将提高解决问题的效率。

这可能意味着要说出一些对某些人来说难以接受的事情。然而,诚实并不意味着粗鲁,困难的事情可以用礼貌和尊重的方式来表达。真正的透明意味着团队和它的领导者彼此变得脆弱。

⊙ **透明度可以保护你免受自己愚蠢行为的伤害。**

当你提供决策的基本原理时，你会允许其他人检查你的推理过程并指出错误。让别人评估你的数据可以避免你的潜意识偏见造成的错误。

透明化的转变

除了增加工作量以及使共享的信息容易被滥用外，其他问题也会让透明化变得困难。你的员工可能无法或不愿意参与诚实和公开的沟通。当你取代了一位受人爱戴的领导者时，这一点会更加明显。团队会把你和他们以前的老板进行比较，可能会发现你不如前任，哪怕只是出于一种怀旧的感觉。在这种情况下，最好的过渡方法是从对组织哲学做出透明的双边承诺开始。共享的价值观是团队凝聚力的基础。

或者，团队可能无法质疑他们自己的假设并正确地进行自我评估。在这种情况下，更多的信息并不能帮助团队变得更好。他们的初始假设没有改变。他们可能太喜欢对方，或者不知道如何在不进行重大争论的情况下提出不同意见。

团队从严防死守信息到拥有透明文化的转变，从身为领导者的你开始。你必须开始分享数据及其解释，迎接挑战，并承认自己的错误。如果你经常说实话，并且保持简明，你就不必为你遇到的每一个人改变故事的说法。我们每个人都有一种倾向，那就是在分享信息时让自己看起来更好，并且告诉别人他想听的事情。

定义每个人实现最大生产力所需的透明度水平可能很困难。决定向谁透明可能也是一个问题。你可能会与错误的人共享数据和解释。如果透明度覆盖的范围很广，受决策影响的人就会进行自我选择。你可以相信，当这些人看到相关信息时，他们只是出于自身利益就会挺身而出。

你还必须对不愉快的消息保持开放的心态，平静而愉快地对待它。不要杀死传递信息的人。你必须奖励或至少认可逆向思维。你获得的观点范围越广，你就越有可能找到正确的观点。对许多人保持透明将有助于建立一种文化，在这种文化中，不同的思维方式不会受到惩罚，反而会受到称赞。这解放了天才，使他更有创造力，这也是本书的主题。

直率是会传染的。你可以在团队结构中构建透明性。承认你分析中的错误，支持另一种观点，将会促进你的团队有创造性地、自由地成长。这样的行为甚至可以让批评你的人放下武器。你可以通过承认自己的错误来控制自己。通过透明地评估你是如何在团队面前做出错误决定的，你就为错误设定了界限。

2017年，我调查了全美医学院的系主任，调查当院长公开承认错误时，教师们对院长的信心是否有所增强。令人震惊的是，77%的人表示，这样的信息披露明显增强了他们对院长作为领导者的信心。

几年前，我们与一家偏远地区的医院建立了合作关系，提供特殊护理。三年后，我们亏损了很多钱，无法继续合作。在一次执行委员会会议上，我带领大家剖析了问题所在。

我们发现我们做出了许多错误的假设。我们假设对方医院提供给我们的人口数据是正确的，而没有自己收集数据。我们假设特殊小组能够控制转诊模式，而实际上他们并没有进行控制。他们确实如承诺般支持了我们，但一开始并没有进行很多转诊。此外，我们不知道另一个团体提出了一项竞争性方案。

到目前为止，该议案最重要的方面是在它失败后进行的分析。通过站出来带头讨论我是如何做出错误假设的，我的团队学会了双边透明。他们知道他们可以发挥创造力，而不用担心失败的惩罚。我们都经历过成功和失败，我们一起进行无情的、仪式般的自我评估。

你应该努力将透明度融入团队流程中。与不同的客户、终端用户、顾问甚至竞争对手建立定期沟通，了解他人的看法。要求所有的领导者开放时间，并开设博客，任何人都可以在上面提出建议或发表评论。提供适用于每个人的正式的道德培训，并且你自己要发挥带头作用。

让透明度成为习惯十分具有挑战性。如果你在团队的组织结构中建立了开放性，并将其作为每个工作流程的一部分，那么透明度就会嵌入天才团队的潜意识中。在这种情况下，团队可以超越人格，与不同的员工和领导共事都能保持较高的生产率，从而创建一个持久的团队。

透明度的自我强化

一个持久的团队能够重复性地进行透明性的自我强化循环。团队越进行自我强化循环，将石头翻过来的过程就会越有洞察力，越有力量。图 6.1 演示了如何将其变成一个循环。

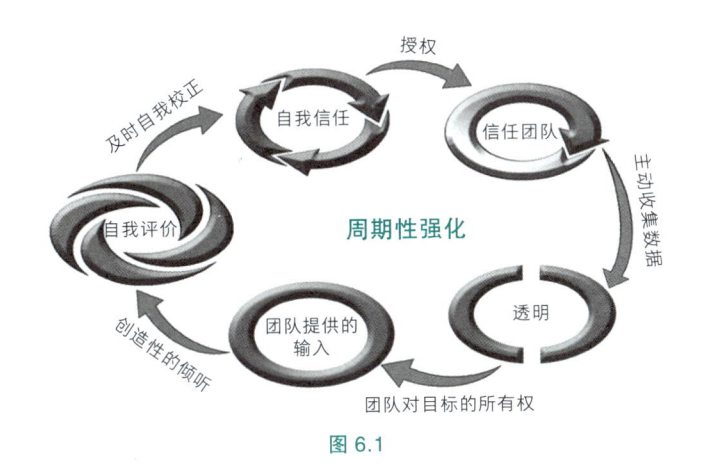

图 6.1

当领导者在自我评估后对自己有信心时，他们更容易信任自己的团队，也更容易下放权力。项目的权力移交取决于透明度。当你的团队觉得他们掌握项目的管理权时，他们就会对目标负责。当他们对项目的目标负责时，因为关心项目，他们将为项目面临的问题提供有价值的建议。他们认同项目，在项目完成时就会有自我实现感。

当在团队和个人级别对执行的解决方案进行无情的评估时，这种透明性就形成了一个完整的循环。当团队对项目目标的建议能够改变团队的方向时,团队就变成了一个不可打破的闭环。

透明度最初可能会让你感到更脆弱,因为你分享的信息减少了你和天才之间的权力差距。你对组织计划、资源和人员的了解是你为天才增加的价值的一部分。将这些与员工共享是将权力移交给天才的过程,这能使他自由地发挥创造力。最终,透明性会让你成为一个更强大的领导者。

当然,天才也会犯错误,你要为此负责。但我发现,实现突破的潜力远远大于风险。如果天才的领导能够明白,自己的优势取决于天才的工作能力,那么他们就会把积极主动和双边的透明作为一项基本原则。

重要启示

- 领导者的力量取决于他们做决定前的透明度。

爱因斯坦的老板

Einstein's Boss:
10 Rules for Leading Genius

第七章 规则 5：炼金术胜过化学

今天，要想取得重大进展，需要许多杰出人士的共同努力，每一位都要做出重要贡献。团队成员之间的互动方式对生产力至关重要。技术已经变得如此复杂，以至于仅凭一个天才很难取得什么重大进展。然而天生的个人主义让天才习惯于与众不同的思维方式。

让天才进行团队合作十分困难。如果你强迫天才违背他们的意愿成为团队的一员，你可能会限制他们的创造力，这会使团队成员的合力小于其各部分的总和。团队如果不能支持天才，就会限制天才的创新，降低团队的生产力。

建设包括天才在内的团队的关键是使用炼金术。将天才和其他人用非线性的方法混合在一起，创造出不可预测的，甚至是混乱的互动。我把这种类型的团队建设称为"炼金术"，产出可能远远大于投入。天才的适当结合是推动创造性进步的容器。

巨人之战：维布伦与爱因斯坦

弗莱克斯纳建立了促进大量人才访问 IAS 的机制，让访问学者能够与教员们互动，并审查他们的工作。这些访问科学家包括诺贝尔奖得主尼尔斯·玻尔、约翰·冯·诺依曼和保罗·狄拉克。冯·诺依曼和狄拉克在访问期间的经历让他们倍感鼓舞，因此在访问后他们就加入 IAS 成为教员。

弗莱克斯纳没有理解的是，对于 IAS 来说，性格的炼金术与团队的智力同样重要。他认为只要把这些天才放在一起，他们就会创造神奇的进步。他从来没有考虑过他们的个性。例如，弗莱克斯纳把爱因斯坦放进了数学系，由强势的奥斯瓦尔德·维布伦领导。爱因斯坦文静谦逊，是系里唯一一个不是维布伦亲自挑选的教员。维布伦嫉妒爱因斯坦的名声。

爱因斯坦是物理学家，而维布伦是数学家。在过去的十年里，大多数数学家都对理论物理学所受到的来自公众的赞赏艳羡不已。维布伦在写给弗莱克斯纳的信中说，爱因斯坦只是把数学当作一种"工具"。爱因斯坦曾经说过，数学家"有时给我的印象不是他们想帮助人们清楚地表述一些东西，相反，他们似乎想向我们物理学家展示，他们比我们聪明多少"。

这些差异导致了关于人事的争论，降低了团队的生产力。例如，爱因斯坦当初和德国数学家助理沃尔特·马耶尔（Walther Mayer）一起来到 IAS 就职，弗莱克斯纳答应给后者一笔津贴。

事实上，爱因斯坦选择 IAS 而不是加州理工学院的原因之一就是弗莱克斯纳给马耶尔的支持。

来到 IAS 就职之后，马耶尔就参与了其他数学家的项目，并安排相应讲座，这让他没法继续与爱因斯坦合作。维布伦最终给马耶尔安排了一个独立的 IAS 职位，让爱因斯坦孤立无援。

当爱因斯坦要求安排另一个助理时，控制数学系预算的维布伦告诉他，他们没有钱来招聘这个职位。维布伦争辩说，自从马耶尔被雇来协助爱因斯坦以来，这个职位已经被占用了。几年后，当爱因斯坦要求延长与他共事的物理学家彼得·伯格曼（Peter Bergmann）的任职期限时，维布伦拒绝了。

1936 年，爱因斯坦和波兰数学家利奥波德·英费尔德（Leopold Infeld）在一个将引力和电磁波统一起来的方程上取得了进展，这个方程多年来一直困扰着爱因斯坦。维布伦不愿为英费尔德提供一个 IAS 的职位，后者这时因纳粹的威胁而无法返回波兰。爱因斯坦在数学系的一次会议上对全体教员发出了引人注目的呼吁："我告诉他们你有多棒，我们正在一起做重要的科学工作……但他们中没有一个人帮过我。"

为了寻找能支持他并让他留在美国的工作，英费尔德转而以爱因斯坦的研究为素材，撰写了一部广受欢迎的现代物理学史。这本名为《物理学的进化》(*The Evolution of Physics*)的书卖得很好，让英费尔德赚到的钱比他在 IAS 赚的钱多得多。爱因斯坦又一次因为肮脏的个人政治问题而失去了科学援助。

弗莱克斯纳拒绝插手伯格曼和英费尔德的事情，他允许维布伦控制爱因斯坦的资源。维布伦对爱因斯坦公众形象的执着分散了他的注意力，爱因斯坦失去了他的助手，所以两人都没有像他本可以做到的那样高效。

最终，真正的输家是我们。爱因斯坦一生中从未解决过引力与电力的统一问题，这样的一个统一场理论至今仍未得到解决。没有人知道如果马耶尔、伯格曼或英费尔德能够一直持续他们与爱因斯坦的研究，会发生什么。

让共同目标成为团队黏合剂

让性格迥异的天才团队团结一致可能很难，但一个多样化的团队可以为了一个共同的目标而团结在一起。洛克希德臭鼬工厂[①]（Lockheed Skunk Works）是一个在冷战期间坚持团队创新科学的例子。凯利·约翰逊（Kelly Johnson），一位才华横溢但专横跋扈的航空工程师，将制造飞机所需的相关人员都召集在一起。除了明确这架飞机的核心任务，他并没有给他们提供具体的指示。

约翰逊让他们自由设计任何他们想要的形状，只是规定他们必须共同完成。他将设计师安排在冶金学家、电工旁边，他认为

---

① 臭鼬工厂是洛克希德·马丁公司高级开发项目的官方认可绰号，于1995年由相关部门合并而成，以担任秘密研究计划为主，研制出了许多飞行器产品。——译者注

这种邻近的安排会让设计师在设计时考虑到结构或电路问题，不会设计出无法塑形或者电路无法连接的飞机。

约翰逊对他的团队十分严格，但他对他们保护得很好。他将空军的来访次数降到最低。他禁止把团队扩大到不必要的规模。他支付高薪以保持团队的团结。因此，他们在二战后的几十年里推出了几款标志性的飞机，包括 F-104 星际战斗机、U-2 和 SR-71 侦察机。这些高科技飞机的建造突破了航空工程的极限。尽管约翰逊才华横溢，但他自己永远也做不到这一点。这些任务需要一个伟大的团队。

约翰逊在苏联和美国关系最紧张的时候经营臭鼬工厂，因此他向团队灌输了一个共同的愿景，不仅要制造飞机，更重要的是要保护国家。当团队有一个共同的任务时，他们会变得更强大。当团队有一个共同的动力实现为他们设定的目标时，他们就会变得更有凝聚力。当团队因为同样的原因而步调一致时，他们会更紧密地合作。工作变成了一种爱好。团队成员谈论工作，就像谈论周六下午喝完一杯啤酒在自家后院打高尔夫球一样。

爱因斯坦到 IAS 之初，弗莱克斯纳并未给过他一个明确的目标。弗莱克斯纳继续招聘其他人，忘记了他的新员工。爱因斯坦感到迷茫，不知道自己应该做什么。他在一次社交聚会上打趣说，他来 IAS 的主要目的是让人观赏，而不是做任何实际工作。弗莱克斯纳觉得他没有资格告诉爱因斯坦应该做什么，但是这种缺乏使命的情况损害了爱因斯坦在 IAS 的工作效率。

使命必须具有足够的挑战性，这样在完成任务时就会产生自豪感，并且始终保持在可实现的范围内，使得团队不会放弃希望。实现这一目标需要提供的不仅仅是经济上的回报；它必须有意义。天才需要有意义的工作。他们要知道他们的智慧将会改变世界。当其他非常聪明的人与他们一样对这个项目感到充满动力时，他们会感受到被认可。

完成使命将使团队更加紧密，将个性不同的成员转化为一个有凝聚力的团队。当一个愿景因为天才团队的共同努力而成为现实时，他们会认识到，团队的力量大于个体力量的总和。

逆境让团队凝聚在一起

团队只有在遇到困难并共同解决时才会凝聚在一起。国际商业机器公司（International Business Machines Corporation，以下简称IBM）发明了个人电脑，但没有意识到它的收入绝大多数是来自软件，而不是硬件。硬件可以被低成本复制。许多公司开始销售比IBM便宜得多的个人电脑。该公司在1993年亏损80亿美元，是当时历史上最大的单笔企业亏损。他们第一次被迫解雇了数千名工人。

在小路易斯·郭士纳（Louis Gerstner, Jr.）和后来的萨姆·彭明盛（Sam Palmisiano）的领导下，IBM将自己重塑为一家高科技服务提供商。他们在2003年将个人电脑业务出售给联想后，完全退出了个人电脑业务。他们收购了普华永道会计师事务所（Price Waterhouse Cooper），从美国政府赢得了一份云计算和数据存储的合同。他们收购了200多家IT服务器行业的小公司，成为世界上最大的服务器供应商。经过了那次危机之后，IBM的目标和企业形象更加统一。

与此同时，惠普也在经历同样的决策过程。考虑到大量价格更低的竞争对手，他们激烈地争论是否应该退出个人电脑市场。与IBM不同的是，他们在个人电脑业务上加大了投资，并在IBM出售个人电脑业务的同时收购了康柏（Compaq）。这是一个错误的决定。目前，惠普的净资产只有IBM的1/4。

IBM和惠普面临着同样不利的环境。逆境促使IBM齐心协力，发挥创造力，并提出具有风险的创新解决方案。而惠普沉淀下来，更加努力地做他们一直在做的事情。二者都活了下来，但只有一家公司比过去更加繁荣发展。

惠普和IBM团队的不同之处在于承担风险的意愿。IBM愿意拿公司的生存冒险，而惠普却不愿意。由于IBM甘冒一切风险，所以他们没有给自己能做的事情设立界限。而通过继续追求过去成功的产品，惠普限制了自己试图克服困境的意愿。

IBM掌控了局面。郭士纳和彭明盛明确表示，IBM过去行动太慢，未能意识到他们的业务正在发生变化。通过对问题承担起责任，他们开始采取必要的措施来解决问题。

对团队常见的误解

我们对团队的普遍看法并不是成功团队真正运作的方式。我们盲目地接受关于团队的某些想法，却没有发现到底是什么使团队具有凝聚力和生产力。我们的误解包括：

一个快乐的团队比一个暴躁的团队更有效率。 我们相信这一点，因为领导一个快乐的团队更容易。哈佛大学的 J. 理查德·哈克曼（J. Richard Hackman）对交响乐进行了一项研究，发现这种观点并不正确。研究发现，脾气暴躁的音乐家在一起演奏的效果略好于气氛轻松的管弦乐队。研究人员得出的结论是，任务前和任务期间的情绪并不能预测工作是否能够做好。最重要的是任务完成后的情绪。当一个团队必须迎接挑战时，团队中有一点点不和谐，并且该挑战超出了他们认为自己能做到的范围时，他们会表现得最佳。当一个团队在完成任务前感到满意时，往往会表现得更差。

团队越大，表现越好。 大多数领导者认为，团队越大，成就越大。这种信念背后的含义是，我们喜欢领导更大的团队，因为它让我们感觉到自己的重要性。领导一个大型团队会让我们感觉比一个小型团队的领导者优越。

哈佛大学的研究发现，随着团队规模的扩大，其运作所需的联系也会呈指数级增长。最终，与所有人沟通的重担变得难以处理，团队崩溃。哈克曼认为团队规模的上限是 9 人。

团队需要定期地注入新的人才以保持新鲜感，防止停滞。 相反，相互了解的团队表现得更好。这并不是说你永远不应该引进新的专业人才。关键在于不要仅仅为了新鲜感和创新而重组团队，这样只会产生更多的错误。

美国国家运输安全委员会（National Transportation Safety Board）报告称，73%的事故发生在机组人员第一次共同飞行时。此外，美国国家航空航天局（NASA）的一项研究发现，即使是有过一起工作经历的疲劳机组人员，犯的错误也只有从未一起飞行过、休息过的机组人员的一半。

战略空军司令部（Strategic Air Command，简称SAC）负责监管携带核武器的空军飞机。SAC团队的表现比任何其他被研究过的团队都要好。他们作为一个团队一起训练，非常擅长合作，因为他们必须这样做。

当你们实时地在一起工作时，如果没有发生失误，你可能会想让你们的团队在一起工作很多年，而不是不断地改变团队的组成。SAC在冷战期间从未犯过重大错误，事实证明我们还活着，没有变成核沙漠中的放射性脆片。

一个强大的团队领导者是必不可少的。 大多数领导者都希望通过展示自己的力量和信心提高团队凝聚力和动力。这对大多数团队成员来说都很有效，但对天才来说就不行了。天才会反抗强制性的领导，团队的生产力将会降低。

扼杀团队的方法

团队就像有生命的有机体一样。他们需要食物和水。他们可能会被杀死。领导者的不良行为会毁掉一个团队，包括：

厚此薄彼。 如果你的员工觉得你更喜欢某个团队成员，那么不受欢迎的员工就会感到沮丧，工作效率也会降低。团队将会逐渐形成小团体，被偏爱的员工和她的粉丝结成一队，而不满的多数员工则因为不公正的对待而结成一队。

即使员工只是感觉到领导者有偏向也会削弱团队的能力。佛罗里达大学医学院院长、计算机模拟病人的发明者迈克·古德（Mike Good）博士说："我的学院就像我的孩子，我对所有的孩子一视同仁。"

德国赫尔特管理学院（Hertie School of Government）的阿琳娜·蒙古-皮皮迪（Alina Mungiu-Pippidi）认为，创新的质量取决于领导层是否对并没有创新能力的特定人群给予优待。她对那些大部分政府合同都是由单一投标人获得的国家，针对研究、开发和新知识产权进行了研究。

单个竞标者通常与政府中的某人有私人或财务关系。她发现，这些国家的创新远远落后于那些只根据质量和成本授予合同的国家。研究表明，偏袒会破坏创新。天才要么逃到精英国家，要么变得没有生产力。美国的组织也是如此。

如果你只下发责任而不授予权力，你就可能会扼杀一个团队。

授权对团队建设至关重要，因为它表明你信任团队。当你根据目标向团队委派重要的任务时，团队就会知道你信任他们。

你雇用天才是因为他们知道如何做你不知道的事情。除非你正确地授权，否则你是在浪费天才。如果你没有恰当地分配任务，你可能会发现自己太忙而无法与团队见面。你变得难以接近，可能会错过技术进步的大好机会，因为人们无法告诉你他们的创新想法。

你委派的内容很重要。团队的目标不能太详细或太笼统。合适的任务应该是团队需求、个人培训和个人喜欢做的事情之间的交集。天才喜欢做的事情可能不是他们要被培训去做的，也不是团队需要他们做的。领导者的工作就是找到那个交叉点。

非线性的团队

最高效的团队是非线性的。我的意思是，输出与输入不是成比例的，并且不可由输入预测。这是双向的。一个由几位天才组成的团队可以花一大笔钱，什么也不做，就像他们能想出一种将量子计算融入笔记本电脑的方法一样简单。领导天才的关键是要在你的领域实现一个革命性的突破，一个不可预见的飞跃。要做到这一点，团队必须具有不可预测性。

智利心理学家马西亚尔·洛萨达（Marcial Losada）应用了非线性动力学，这是一种用数学分析的形式衡量商业团队之间不断变化的互动。低绩效的团队沉浸于宣传和自我导向中，并且往往拥有高度受控的环境。这些表现不佳的团队失去了产生最佳创造力的混乱。当交互只存在于几个成员之间时，团队就变得可预测了。

在失败的团队中，沟通由少数具有超凡魅力的成员主导，而不是由最好的想法来引导。主导互动的团队成员成为所有工作聚合和沟通的汇合点。新问题以旧办法解决，进展停滞不前。随着时间的推移，汇合点变得越来越强，这种交流模式使用得越多，交流模式就越牢固。洛萨达发现，在表现最佳的团队中，每个成员平均与其他四名成员产生互动，而这些互动是不可预测的，并且是不断变化的。

爱因斯坦喜欢不可预测的互动。其中一个最著名的例子是他在 IAS 时与年轻的数学家库尔特·哥德尔（Kurt Gödel）的长距离散步。在此期间，哥德尔发表了有关逻辑的证明，为计算机科学奠定了基础。他后来承认，是他与爱因斯坦的交流推动了这个突破。爱因斯坦的思维过程与格德尔的并不平行，这使得哥德尔进入了一个新的领域。

打造非线性团队

一个天才团队不会自动成为一个天才团队。团队不是各部分的总和。成就与团队的平均智商无关。此外，创造力与群体中任何特定个体的最高智商无关。只有在非线性的团队中，你才能取得革命性的进步。

为了创建习惯于非线性互动的团队，领导者不能有意或无意地定义互动。相反，他们应该授权在讨论中不断更换领导人，给不同的意见平等发声的机会。每个团队成员都必须感到安全，才能发表自己的想法。

团队必须拥有扁平的层次结构，这意味着领导者不能凌驾于其他团队成员之上。领导者和团队成员之间在权力和沟通上几乎没有距离。一个群体的智力成就与在交流中轮流发言的平等程度以及女性在团队中的比例有关。女性更善于让他人发言，这将带来更多的创新和创造力。

图 7.1 描述了层次结构扁平化和非线性沟通的团队的力量。如图所示，线性沟通是分等级的，就像在军队中一样。领导告诉几个下属，下属又告诉下一级。在线性团队结构中，消息在不同层级的传递过程中可能会发生改变——要么是故意的，要么是由失误造成。这比在一个扁平结构的团队中沟通要慢，在扁平团队中，每个人都同时收到相同的沟通内容。

扁平的层次结构意味着在任何给定的沟通上，团队反馈的障碍更少。当领导者将她的权力分配给团队成员时，非线性的团队只能形成扁平的层级结构。团队成员轮流以一种不可预测的方式领导讨论，这不仅取决于他们的专业知识，也取决于他们的个性。相反，讨论的领导者是一个有创新想法的人。非线性的讨论只能

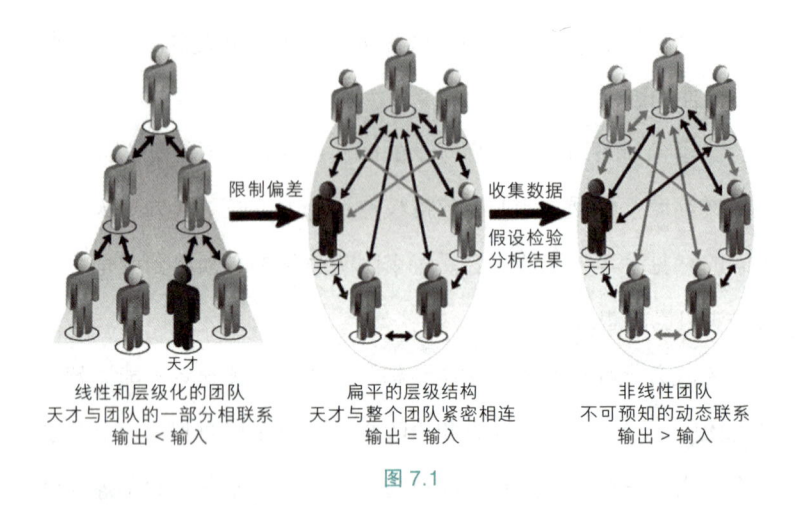

限制偏差　　　　　　收集数据
　　　　　　　　　　　假设检验
　　　　　　　　　　　分析结果

线性和层级化的团队　　扁平的层级结构　　非线性团队
天才与团队的一部分相联系　天才与整个团队紧密相连　不可预知的动态联系
输出 < 输入　　　　　输出 = 输入　　　　输出 > 输入

图 7.1

发生在团队成员之间相互尊重时，每个人都相信他的任何一位同事都可以做出有价值的贡献。

和你很像的团队会失败

最容易管理的团队是一个看起来和你很像的团队，在这样的团队中每个人都像你一样思考，按照你的时间表工作。你会和这个团队产生共鸣，与和你相似的人一起工作将会非常有趣。你可能会倾向于在工作之外的时间和这个团队待在一起。但是这个团队很可能会在项目中失败。这类团队将拥有你所有的优势和劣势。

一个由和你相似的人组成的团队，将缺乏具有独特技能的团队成员之间的非线性互动。在这样的团队中，所有互动都会产生共鸣的汇合点，这会设立创造力的边界，并限制问题的创新方法。

爱因斯坦的老板　　136

如果一个团队和你很像，它将只有一个解决问题的方法，只有一个工作流程，只有一种沟通的方式，只有你所具备的坚毅程度。

要建立一个成功的团队，你必须准确地自我评估你缺乏什么技能和经验，以及你的个性和别人有什么不同。要完全集中注意力，你必须对你团队中的任何人所说的话保持真诚的好奇心。这种好奇心让你有耐心，并允许你的团队展开非线性的互动。

你需要建立一个与你迥异的团队。任何和你不一样的人都是团队成员的候选人。当你选择亲密的朋友为团队成员时要小心，除非他们不惧怕坚持自己的立场和在你面前为自己辩护。亲密的朋友往往会在行为和思维上变得和对方很像，这也会让一个团队看起来与你很像。

团队本身就是目的

当一个团队反复思考、争论、咒骂和大笑时，就会让人眼花缭乱。在你回顾过去时，这种怪象会被认为是常态。你会带着喜悦的心情回顾这些会议，因为在某一次会议上，你的团队将产生洞见，它将永远改变你的领域。当这种情况发生时，团队本身就变成了一个目的，成员为团队工作，而不只是为薪水工作。

组建团队可能是领导天才最困难的事情。你不能害怕改变路线、承担风险，或者约束比你聪明的人。你必须能够同时管理积极进取的天才和害羞的天才。你必须能够随时改变方法，因为技术进步不会按照你的时间表而发生。你必须根据团队成员调整激励措施，同时你必须使团队保持共享愿景。

在领导天才团队时，你需要温柔一些。强迫团队达到一个不同的目标可能是毁灭性的。这种策略会导致天才自发的反对，尤其是当你的决定不是由数据驱动时。当团队成员以不同的速度产生不同的目标时，团队可能会变得脱节，一些人会有朝着新目标努力的动力，而另一些人则没有。

组建团队就像下棋。拥有一个非线性的团队并不意味着完全混乱，每个人都在做自己想做的事情。领导者的工作是让团队专注于共同的目标，同时让他们自由地探索所有可能的机制实现这个目标。

建立一支持久的团队既是一门科学，也是一门艺术，既是一门炼金术，也是一门化学。我们之前谈到了成功团队背后的数学原理，但也与潜意识的情商有关。理解团队中每个成员的希望和恐惧需要付出大量的努力，但它增加了具有变革性的互动的潜力。

最好的团队不仅仅是专业的组织。它们是随着环境变化而适应和生长的有机体。他们通过相互尊重对方的才能而联系在一起，这使得每个团队成员都能倾听其他成员的想法和论证并予以采纳。最好的团队可以具有非常强大的创造力，可以解决一些原本不可能解决的障碍，因为团队的合作超越了正常的边界。

20多年前，我与一位全科医生和一位眼科医生在印第安纳大学医学中心的一家诊所共事。这位眼科医生在俄罗斯圣彼得堡度过了一个夏天，在一家免费诊所进行医疗服务旅行。

一个 18 岁的男孩因为眼球鼓胀来找他看病。我的朋友发现肿胀的原因是男孩的眼睛后面长着霍奇金淋巴瘤。在美国，霍奇金淋巴瘤是一种可治愈的癌症，但在俄罗斯，如果病人很穷，得了这个瘤就相当于被宣判了死刑。

眼科医生没有办法在他的诊所里进行静脉化疗。他打电话给我们，问我们能不能做点什么。我制定了一个化疗方案，药片可以口服，但仍然有效。我自己买了这些药，并小心地包装好。大学里的一位俄罗斯教授翻译了说明书，然后我的一位全科医生朋友去了俄罗斯，亲手把这个盒子交给了眼科医生。

在返回美国之前，眼科医生给男孩进行了第一次和第二次化疗。他有机会看到这个年轻人完全康复。他教男孩的母亲进行剩余的化疗。我们这群医生组成了一个状态最优的有机的非线性团队，通过创新的机制来解决一个非传统的问题。

重要启示

- 心理凝聚力能像智力专长一样激发无与伦比的创造性激情。

爱因斯坦的老板
Einstein's Boss:
10 Rules for Leading Genius

第八章 规则6：不要让过去决定未来

河马^①主宰着每一次会议。市场动机公司^②（Market Motive）的首席执行官阿维纳什·卡希克（Avinash Kaushik）创造了这个首字母缩略词。河马践踏别人的分析，把每种战略都推到一边。河马喜欢指手画脚，他们自己甚至都没有意识到这一点。他们对自己造成的破坏视而不见。他们扼杀创造性的讨论。河马是"收入最高的人的意见"。他们的薪资水平会自动让他们的观点比任何数据都更有分量。他们的观点被当作事实，就好像这些观点是来自对千兆字节相关数据的仔细分析。许多领导者根据过去的经验对复杂的问题发表高论，而没有花时间分析潜在的复杂性。他们用奇闻逸事来做出价值数十亿美元的决策。

一件逸事不应该是数据，两件逸事不应该产生政策，然而许多组织都是基于一两个人的经验运行的。即使这些人既聪明又勤

---

① 河马英文为 HiPPOs，是 Highest Paid Person's Opinions 的简写，意为"收入最高的人的意见"。——译者注
② 市场动机公司致力于基于网络的互联网营销培训和认证课程开发，总部位于美国加州。——译者注

奋，他们也永远无法与系统地收集和分析任何问题的数据相媲美。领导者总是陷入根据过去经验做决定的陷阱。

永远不要用你过去的经验领导一个天才去做决定。当你用个人观点推动决策时，天才会立即意识到，这样你会失去可信度。你的直觉和经验会很好地帮助你组建团队，并且帮助你选择信任的对象。但当你在为实现战略目标或战术过程做决策时，数据更为重要。

美国研究生医学教育认证委员会（Association for Accreditation of Graduate Medical Education）前会长蒂姆·弗兰博士（Tim Flynn）说过："作为领导者，我们都被过去的糟糕经历所束缚。"尽管我们可能会否认，但我们使用自己的经验比使用相关数据做决定的次数要多得多，仅仅因为这些经验是我们自己拥有的。

弗莱克斯纳知道自己的无知

最初，弗莱克斯纳知道自己并不具备做出关键决策的知识，他努力获取相关数据。例如，当卡内基基金会（Carnegie Foundation）在 1908 年要求弗莱克斯纳撰写一份关于美国和欧洲的医学教育状况报告时，他意识到自己对医学院一无所知。他开始尽己所能收集数据。

他没有依靠二手资料，而是亲自走访了美国和欧洲的全部 155 所医学院。他坐在教室里，采访了许多学生和老师。他努力获得尽可能多的数据。在参观艾奥瓦大学医学院时,院长告诉他,教室都锁上了,并且带钥匙的看门人今天不在。弗莱克斯纳让院长带他去火车站,他们在那里道别。察觉到院长在欺骗他,弗莱克斯纳立即搭上了回医学院的车,发现看门人打开了教室,而大多数教室都没有教授医科学生所需的设备。院长想要掩盖事实的企图完全失败了。

当弗莱克斯纳开始收集数据时,大部分医学院都归本地医生所有,他们通过收取学费从中获利。医学院里几乎没有全职教师,大多数学校只要求高中学历,招生也没有限制。没有实验室,无法进行解剖,也没有人能去医院接受体检和诊断方面的培训。

弗莱克斯纳并不以机智著称,但他也毫不留情。他的医学教育报告因对许多医学院的严厉措辞而备受争议。例如,他称芝加哥的 14 所医学院是"对法律允许其存在的州的羞辱"。他拥有这些医学院的第一手数据,没有人因此质疑他。他意识到,要改变整个国家的医学教育进程,他必须具有说服力。他只有靠大量的事实证据才能做到这一点。

弗莱克斯纳的研究对医学教育产生了重要影响。在接下来的 25 年里,超过一半的美国医学院倒闭,包括所有的私立营利性学校。医学院的入学要求更加严格,绝大多数医学院都与大学建立了联系,以提高自己的学术地位。

弗莱克斯纳拒绝让过去决定未来,他开创性地聘请妇女和犹太移民担任 IAS 的教员。大多数美国主流大学对犹太学生和教师都有不成文的配额，尽管他们满足入学或就职的资格要求。弗莱克斯纳打破了过去的规则，雇用了许多犹太科学家到 IAS 就职。

IAS 的成功导致各个大学开始不分种族地争夺最聪明的科学家。在改变影响聘用科学家的偏见方面，弗莱克斯纳比任何其他人或文化干预的影响都大。

此外，在主流科学机构任职的女教员极为稀少。弗莱克斯纳认为这种偏见是造成人才浪费的原因之一。他在 IAS 成立时写道："在任命教职员工以及招收工人和学生时，不得直接或间接地考虑种族、宗教或性别。"然而多年后，在持续的经济大萧条期间，当资金变得紧张时，他没有履行自己的承诺，即男女教员的薪酬平等。

弗莱克斯纳也有偏见

弗莱克斯纳理应被视为雇用女教师的英雄。他聘请哈蒂·戈德曼担任 IAS 的终身职位，而当时女性教师的终身职位并不多见。尽管遭到其他主流大学的反对，他还是做出了这一开创性的举动。他认为，仅凭雇用哈蒂就能够获得她的感激，尽管他付给她的薪水远低于她的男同事。他一再保证要对她的工资作公平的调整，但他一直没这么做。当她抱怨他不遵守诺言时，他不明白她为什么不对自己能得到一份教职心存感激：他的偏见无可否认。

弗莱克斯纳有一种无意识的种族偏见，这在当时很常见。他的报告推动了关闭除两所历史悠久的黑人医学院以外的所有黑人医学院。他认为黑人医生应该只治疗同种族的病人，并且应该由白人医生监督。他继续提出，非裔美国人会对白种人的健康造成威胁，因为他们会传播肺结核。

尽管他是黑人医学院霍华德大学的董事会成员，但他呼吁关闭 7 所黑人医学院中的 5 所。这些学校的关闭，以及其他医学院经常拒绝黑人学生入学的事实，导致了半个世纪以来非裔美国医生的短缺。这种歧视降低了几代非裔美国人获得医疗保健的机会。

本能的直觉

许多人认为，使用基于经验的直觉而做出的快速决策比通过缓慢而仔细的数据分析得出的决策更准确。有证据表明，直觉可能与人际判断有关，例如，评估一个人是否值得信任。因为每个人都有很多与说谎者和说真话者交往的经验，经验可以支持他们做出评价。这可能适用于正常的决策，但对于天才团队就不那么有效了。如果这对天才团队有效，那么领导天才会容易得多。

在科学和技术方面，经验是一位差劲的老师，因为进步来自做以前没有做过的事情。过去的经验很少能指导技术研究决策。然而尽管反对的声音不绝于耳，大多数商业领袖的大部分决策仍是基于情感。他们后来理性地为这些决策辩护。《财富》(*Fortune*)杂志发表的一项研究发现，62% 的商界领袖依靠直觉做出决策。

经济学人智库（Economist Intelligence Unit，简称 EIU）的一份报告发现，73% 的受访企业领导人相信自己的直觉可用来做决定，68% 的人说他们相信自己的直觉而不是数据。运用基于过去经验的直觉引导要容易得多，因为分析数据可能会很枯燥。

怀疑你的直觉

如果组织相信领导者的直觉，那么它将犯巨大的错误。由于大多数领导人都把糟糕的决定埋在心底，所以大多数错误不会被人所知。在现代商业中，最著名的由本能来驱动决策的案例之一是时代华纳（Time Warner）收购美国在线服务公司（AOL）。该公司首席执行官杰瑞·莱文（Jerry Levin）迫使不情愿的董事会通过了这笔交易。反对此次收购的一方拥有经过仔细整理、数据驱动的论据，而莱文与他们站在对立面。莱文赢了，因为他就是那头河马。几年后，莱文承认，被迫合并是本世纪最糟糕的商业交易之一。他最终辞去了首席执行官一职。时代华纳仅仅在收购后的两年内就亏损了 990 亿美元。

即使是爱因斯坦也被他的直觉误导了。尽管爱因斯坦的相对论导致了量子力学的发现，但他本能地不信任量子力学，因为量子力学认为电子可以同时出现在两个地方。爱因斯坦非常不喜欢这种不确定性。他称量子力学为"远处幽灵般的动作"。

他与尼尔斯·玻尔就这个问题进行了辩论。爱因斯坦采取了物理学家使用量子力学的立场，因为他们还没有发现能让他们计算出原子粒子精确位置的隐藏变量。罗伯特·奥本海默（Robert Oppenheimer）在完成曼哈顿计划后成为 IAS 的院长，他说爱因斯坦本能地不喜欢"放弃连续性或因果关系"。

爱因斯坦错了。他的直觉是，"上帝不会和宇宙玩掷骰子，"这是他后来的一句名言。很奇怪，爱因斯坦并不信任这种思考现实的新方式。毕竟，在我们如何看待宇宙的问题上，他领导了之前的革命。奥本海默写道，爱因斯坦把"匕首放在了暗杀他自己工作的凶手手中，他与自己建立的理论做斗争，但他讨厌这个理论。这已经不是科学界第一次发生这样的事情了"。

爱因斯坦对量子力学的不信任限制了他在 IAS 工作的后半程的工作效率。如果爱因斯坦都会被他的本能所束缚，那么这个陷阱对我们这些非天才来说就更是充满了风险。

我们很容易产生偏见，而我们往往对此视而不见。对全部数据的仔细分析也不能说服我们。尽管大量数据显示我们的判断是错误的，但我们仍然会很快相信自己的直觉。

蒙蔽自己

爱因斯坦的相对论遭到德国物理学家的强烈反对，仅仅因为他是犹太人。德累斯顿物理研究所（Institute of Physics at Dresden）所长鲁道夫·托马舍克（Rudolphe Tomaschek）写道："现代物理是犹太人破坏北欧科学的工具。真正的物理学是德国精神的创造。"也许爱因斯坦最好斗的对手是菲利普·伦纳德（Phillip Lennard），他写道，科学并不是国际性的，但"就像其他所有人类产品一样，它也是种族的，受血统的制约"。

托马舍克和伦纳德对种族的先入之见蒙蔽了他们，使其看不到他们那一代人在物理学上取得的最大进步。他们被自己的偏见蒙蔽了双眼，让德国物理学倒退了几十年。这可以说是德国在第二次世界大战中失败的原因，因为他们拒绝接受本可以让德国研制出第一件原子武器的原理。纳粹帝国的哲学基础导致他们输掉了战争，因为纳粹为了政治目的而歪曲了物理事实。

伦纳德和托马舍克的盲点似乎是显而易见的，但是认识到我们自己的盲点十分困难，这就是为什么我们需要群体的智慧，不仅仅是大量的数据，更是大量的人。其他人可以检验并平衡我们的偏见，而我们必须听取他们的意见。你应该将分析数据本身的过程正式化。不仅需要确保你收集了正确的数据，还需要确保你在分析数据时是客观公正的。

影响决策的偏见

有很多关于认知偏见如何影响决策的研究表明，直觉是不可信的。为了做出由数据驱动的决策，你必须意识到你经常做出由情感驱动的决策，而你甚至没有意识到这些决策的偏颇之处。你没有意识到但驱动你做出决策的偏见被称为内隐偏见（implicit biases）。

我们的文化发生了微妙但根本性的转变，这使得数据驱动型领导更加困难。现在看来重要的不是事实，而是确定性。如果我对一个决定比你更有把握，那么不管事实如何，我都会赢。人们对一个决定越确定，他们在沟通时就越有说服力。他们对自己职位的热情可以压倒事实。

中心偏差

中心偏差是影响我们决策过程的一种常见的基本偏差。在中心偏差的情况下，我们相信我们已知全部重要的数据。我们不信任新信息，因为信息不是出自我们之手。在 EIU 的研究中，只有 54% 的受访高管表示，如果数据与他们的直觉不符，他们会重新分析数据。这是非理性的。

我们产生中心偏差，是因为我们作为一个人而存在。工作最重要的不是赚钱，而是保持我们的身份认同。这就是为什么自我评估如此困难，这意味着定期打破你的身份，把它重塑成一个更接近现实的身份。

许多领导者生活在赌徒的快感之中，沉迷于根据自己的直觉做出决定，因为他们也会像 21 点牌手一样出现肾上腺素激增。这些领导者为这种行为辩护，因为他们假设只有他们自己拥有做出这个决定的特殊知识。他们的大脑需要由恐惧引起的肾上腺素才能感觉正常。

自我服务偏差

如果事实和过程威胁到我们的自尊和成就感,自我服务偏差就会让我们忽视它们。这种类型的偏见使我们更加重视那些证实我们过去选择的事实。即使是在违背自己意愿的情况下,我们也被驱使着把成功归于自己。

今天,我们倾向于相信个别专家,而不是系统地收集经过数学分析的数据,这在瞬息万变的环境中是行不通的。我们无法匹配问题的解决方案,因为当前的问题与之前的任何问题都不同。我们过去失败和成功的模式会欺骗我们,让我们认为我们当前的项目与过去的在结构上是相似的。这些过去的模式极大地影响了我们的直觉。

根据过去的经验和本能做出决定往往是在动用权力。我这样做,是因为我想这样做。许多领导者凭直觉做出正确的选择时,会把功劳归于自己;当他们犯错时,则会推卸责任。

为了做出数据驱动的决定,而不是本能的决定,你必须放弃个人力量——你的自尊就是建立在其上的——的驱动,并将你的领导能力融入群体。一个领导者越不信任自己,他就越有可能想要维护个人的决策权。

锚定偏差

我们可能会特别重视最初收到的信息，从而对非理性的决策异常肯定。锚定偏差促使我们用听到的初始数据形成早期决策树。几乎没有人可以等到所有的数据都被分析之后才对其进行分类。在做决定之前等待所有的数据在进化上处于劣势。例如，早期人类懂得尽快补充水分的重要性，而不是在考察水坑周边是否隐藏着危险的捕食者之后再做决定。

现状偏差

人们失去时的痛苦远胜于获得时的喜悦。这种倾向导致了现状偏差。面对新的障碍，我们坚持既定的做法，因为我们担心改变会导致损失。我们倾向于更重视那些能够保持现状的数据。我们对任何支持观念或原因改变的数据分析持怀疑态度，因为我们害怕失去。

你经常会在不知不觉中就产生现状偏差。你觉得你是在引领变革，但实际上你只是将家具的位置重新摆放。要评估你是否有"现状偏差"，可以尝试一个名为"反转测试"（Reversal Test）的思维实验，分析与现状相反的做法的风险和好处。如果改变是更好的选择，那么做与现状相反的事情应该有更低的成本和更大的回报。在这种情况下，改变方向是正确的决定。

在完成一宗重大并购交易时，沃伦·巴菲特（Warren Buffet）会聘请两组律师。他支付给两组律师的基础报酬相同，但如果交易成功，他支付给一组人的报酬更多，如果交易失败，他支付给另一组人的报酬更多。这就是他在过程中构建反转测试的方式。

信念偏差

信念偏差是一种倾向，即根据结论的可信性判断论点的力量。如果根据以往的经验得出的结论是有意义的，我们就会更重视得出该结论的数据和分析。这种偏见包括收集所有相关的数据，忽略它，然后做出本能的决定。

幸存者偏差

如前所述，对分析的数据挑挑拣拣的诱惑可能导致不实的结论，从而导致幸存者偏差。如果一种决策曾获得成功，那么它就会更受重视，因为成功带来的影响仍然存在。如果同样的决定导致了失败，我们未来就会忽略它。我们假设，一个概念的持续存在意味着它已经被检验过，并被认为是有益的和真实的。

几年前，一种非常昂贵的肺癌药物获得了美国食品药品监督管理局（FDA）的批准。虽然这种药物只对 10% 的患者有效，但因为使用过该药后有效果的患者出现在了公众听证会上，并强烈支持这种药，故获得批准。肺癌专家戴维·约翰逊（David Johnson）博士遗憾地发现，所有用药后死亡的患者都没能体现在听证会上。他的观点是，这种药物实际上可能对另外 90% 的人有害，但他们无法再抱怨这种药物了。

确认偏差

领导者坚持相信他们的直觉，不管数据驱动的决策是否有更好的结果。原因之一是可用的数据量非常大。2014 年，美国国会图书馆（Library of Congress）的网络备份以每月 5 太字节（TB=240 字节）的速度增长，而且增长率还在迅速上升。

数据海啸会变得势不可挡。你甚至不能确定从哪里开始分析。你把问题分成小块，然后选择考虑何种主题。当你这样做时，你会产生盲点，因为你是在根据过去的经验选择数据。"你可以让数据说出任何你想说的话，"尚兹教学医院（Shands Teaching Hospital）的首席执行官埃德·吉门尼斯（Ed Jimenez）说，"使用数据并正确地解释数据要复杂得多。"

由于确认偏差的存在，你倾向于相信那些证实你已有想法的数据。当你试图分析完整的相关数据集时，你会感知到证实你以前所见或当前所想的模式。在你收集了相关的数据之后，选择关注哪些事实是第一个可能会出现扭曲的地方。很多时候，领导者会想，"我知道真相，现在让我们去寻找事实支持这一点。"

当你对任何决定的结果都有切身的利害关系时，你会对要考虑哪些数据做出有情感偏见的判断。绕过这些盲点是很复杂的，这需要非凡的智力严谨性。

我们问的问题对吗

在审查决策时，一个显而易见的问题就是关注结果——决策是否达到了预先确定的成功的度量标准？如果天才的领导者能评估决策是否以正确的方式制定出来，就能省去很多麻烦。你必须考虑你问的问题是否正确，你可能正在做一个与团队目标无关的决定。

例如，在 1999 年，由于一个团队没有把他们采用的公制单位转换成另一个团队采用的英制单位，一个火星着陆器坠毁。由于没有人决定使用何种度量单位，这个项目损失了数十亿美元。这个项目所需要的是一个经理去关注那些平凡和无聊的细节。

关注细节对领导天才来说尤为重要，因为天才常常会忽略细枝末节。在加州大学任教时，罗伯特·奥本海默会在黑板上写下半截复杂的量子力学方程。接着他会停下来说："剩下的是显而易见的。"然后他就走出教室扬长而去。

剩下的部分对非天才来说并不是显而易见的。这个问题需要被仔细定义，因为如果不是这样，这个团队可能会发生灾难，比如损失一个价值 10 亿美元的太空探测器。

"不要为小事烦恼"的态度在大多数科技领域都很危险。天才的领导的工作就是为细节操心。佛罗里达大学副校长戴维·古齐克（David Guzick）说："最具破坏性的往往是你没有注意到的事情。"这就是你为天才增加价值的方式。你专注于细节，所以没有什么会让团队感到意外。

你可以通过发现项目细节的漏洞并询问关于这些漏洞的问题做出贡献。你可以通过记住哪些假设是有效的，哪些假设是无效的作为团队的制度记忆。正如科林·鲍威尔[①]（Colin Powell）所说："永远不要忽视细节。当每个人的思维都变得迟钝或分心时，领导者必须加倍警惕。"

在做决定之前收集所有的数据可以防止你重复别人已经犯过的错误。爱因斯坦过去常常与IAS的政治科学家大卫·米特拉尼（David Mitrany）一边散步一边工作。有一天，他向米特拉尼吐露，他认为自己终于找到了引力和电的统一理论，即长期以来人们一直寻求的统一场论（Unified Field Theory）。六个月后，爱因斯坦随口说，他的理论没有成功，但他无论如何都要发表它。米特拉尼很惊讶，问爱因斯坦这是为什么。"为了避免另一个傻瓜在同样的想法上浪费六个月的时间，"爱因斯坦回答说。

决定与你个人无关

为决策创建一种由数据驱动的文化并不神奇。你可以在你和

[①] 科林·鲍威尔（1937— ），曾任美国国务卿。——译者注

你的团队的思维方式上做一些重大的改变。首先是使决策过程去个性化。许多领导者认为，这个决定在某种程度上与他们自己有关。就连哈里·杜鲁门（Harry Truman）关于问责制的名言"The buck stops here（责无旁贷）"也是一个陷阱。领导者可能会认为他们在为一个决定承担责任，但实际上他们是根据这个决定如何影响他们的自尊做出这个决定的。

一位同事告诉我，一位制药公司的高管无法将对过去决策的讨论与他的自尊分开。每当大家一致认为他过去的一个决定导致了一条没有结果的道路时，他就变得具有防御性和敌意。他的脸会变红，他的声音会变得尖锐，他会攻击任何说话的人。

一个决定的存在不应该取决于它如何影响你甚至你的团队，而应该取决于这个方向将如何帮助团队实现具有内在价值的目标。目标必须是超脱于你和团队之外的。如果你辞职了，或者团队解散了，目标仍然会保持不变。使目标超脱于外可能会变得棘手，因为你需要一些情感投资来执行一个决定。情绪应该在你做出决定之后出现，而不是之前。在做决定时投入感情会强化你的努力和创造力。

数据分析应该尽可能多地使用多元化的基准，这使得决策不那么个人化。您应该使用外部评审人员，并包括决策可能影响的内部利益相关者。去寻找相反的意见。花钱请人抨击你的想法，并且当他们这样做时不要生气。对冲基金的概念就是购买与其主要投资相反的头寸，以防止严重亏损。

实施决策

这听起来好像我们需要成为没有情感的机器人,但并非如此。事实上,我们的大脑做出决定的方式是基于情感的。情感给了我们坚持所做决定的勇气。你是否曾经坐在董事会对面,尽管有压倒性的证据支持你的提议,但他们却不批准吗?你说什么也无法让他们改变主意。当决策变得更加困难和复杂时,就需要情感来执行决策。领导者必须认识到数据分析的逻辑,并在个人层面上认同它。领导者必须渴望做数据指向正确的事情。

做出决定需要情感上的投入才能坚持到底。不幸的是,许多领导者忘记了做决定的第一步:在做出情感承诺之前,理性地比较所有可用的数据。这两点对于可靠的决策都很重要。如果你进行了理性的比较而缺乏情感,你就无法将决定坚持到底。如果你只是做出了情绪化的决策,你就可能会朝着错误的方向做出坚定的承诺,而不会听取别人的建议。

消除偏见

我们都有隐性偏见,这种偏见不仅会污染我们所做的任何决定,还会污染数据收集本身。除非你在收集数据前进行自我评估,否则你的偏见会让你做出本能的决定。

我们的大脑天生就会下意识地权衡过去类似经历的情感代价,

从而快速做出决定。我们给过去的事件贴上情感标签，依据的是它们如何影响我们的心理健康，而不是它们是否真的帮助我们或团队实现了目标。我们理性分析任何决策的风险和好处的次数比我们认为的要少。很多时候，即使在仔细分析已知数据时，我们也已经做出了下意识的决定，只是在寻找能够证实我们怀疑的数据。因为我们在不知不觉中采取了这种行为，因此当我们做出理性决定时，我们需要意识到什么时候我们在依据本能做出决定。

在做出任何最终决定之前，你应该通读我们设计的五个步骤防止你自我麻痹——觉得自己正在做出一个理性的决定，而实际上是由你的直觉和情绪做出的决定。例如，假设你有两个选择，要么从一家小型生物技术公司购买一种前景看好但未经测试的抗癌新药，要么开发自己的产品。写下这五个问题的答案，然后以一种透明的态度和你的团队一起检查，以确保你在回答这些问题时没有欺骗自己。

1. 我真的拥有做出决策所需要的所有信息吗？我们都对未来会发生什么有一种直觉。即使是训练有素的统计学家也认为，现在的一小部分样本可以用来预测未来。我们用自己的经验作为小样本，这就是所谓的"小数定律"（Belief in the Law of Small Numbers），也是赌场能够持续经营的原因。我们的大脑认为，我们可以根据当前的一小部分样本，凭直觉预测老虎机或生物技术公司未来的行为。虽然老虎机和生物科技公司之间有明显的区别，但我们可能会犯同样的错误。在这种情况下，我过去使用新型抗癌药物的经验可能会使我高估我所掌握的关于生物技术公司或我的团队能力的信息的价值。

如果这家生物技术公司最近的其他几种候选药物获得了成功，幸存者偏差会对我产生影响，让我认为自己掌握了所需的所有信息，但也必须考虑到失败的可能。

2. 如果我购买生物技术公司的药物，而不是开发自己的药物，谁将从中受益，谁将蒙受损失？ 在这种情况下，自我服务偏差会让我倾向于使用自己的团队开发癌症药物，而不是从其他公司购买药物。如果我自己的团队研发出一种成功的抗癌药物，我的声望将会提升。我的团队将从中受益，因为开发出一种成功的抗癌药物意义重大，其他生物技术公司将失去销售同类药物的机会。

3. 上次我遇到类似的情况时发生了什么？ 失败的时间距今越近，对我的决定的影响就越大，这就是锚定偏差的原理。如果最近一个类似的决定结果很糟糕，那么厌恶损失就会让我不太可能走上同样的道路。然而，你不应该让任何单一的不利事件压倒你的战略目标。沉没成本已然发生。你当前的决定必须独立于所有过去的决定。如果这些决定都是你自己做的，那就更难了。

4. 如果我做出相反的决定会有什么效果？ 如果模型结果比之前提出的决策获得更多的收益，那么我们的数据或假设就是错误的。研究如果采取相反的决策会发生什么可以防止中心偏差。中心偏差使我认为我拥有的数据对决策更重要，我的决策能力也更好。而规则1告诉我，我对决策的重要性远没有我想象的那么大。

5. 要做出多少假设才能得到最好的结果? 我做出的假设越多,出错的概率就越大。在这个过程中,我们经常把假设错误地当成数据支持直觉决策。如果我过去的经历证实了我基于自尊做出的决定,或者证实了我持有的世界观,那么我会认为过去的经历就是数据。信念偏差和确认偏差会让我认为我过去所做的假设是对未来的准确预测。这是在自欺欺人。

你必须预先确定你的偏见会导致你做出什么样的选择,并且必须对你做出这些选择的倾向保持敏感。你必须避免只从那些会由于你的偏见而证实你的选择是正确的来源收集数据。你需要避免忽视那些似乎与这些偏见所推荐的选择相反的数据。见图8.1。

我曾在董事会任职,他们使用数据做出重要的战略决策,而没有对数据进行统计分析。但仅仅客观地收集数据是不够的,还必须进行统计分析,这是一个很好的方法,将你从隐性偏见中解放出来。

图 8.1

你对偏见的怀疑程度，以及你对数据的仔细分析程度，都应该与决策成本成正比。决策成本不仅以金钱衡量，还在模范带头、提高生产率和创造力方面发挥着作用。天才会赞赏这种仔细的分析，并且更有可能接受这个决定。你可以通过谨慎的决策来支持天才的工作。这个过程塑造了团队，并增强了团队对项目目标的向心力。

重要启示

- 要不断怀疑自己的直觉。

爱因斯坦的老板
Einstein's Boss:
10 Rules for Leading Genius

第九章　规则7：忽略松鼠

许多天才就像拉布拉多寻回犬追逐松鼠一样。天才们无法控制自己追逐那些以最快速度闪现在他们眼前的好点子。当另一个有趣的概念引起他们的注意时，他们绕着一个小点旋转，然后转向新的方向，追逐那个点。

被有趣的想法分散注意力比集中注意力更容易、更具生命活力。拉布拉多寻回犬的生活充满了激情和兴奋，追逐松鼠远比静静地走在某人身边更让人激动。

对于天才的领导者来说，追求完美可能会适得其反。追求完美的想法可能会分散天才的注意力，降低所有事情的效率。总会有更好的想法出现，并优于当前的概念。追逐松鼠会消耗生产力。专注于将一个好点子商业化需要毅力，而这是天才所不具备的。如果任由天才带领团队去捕猎松鼠，这个团队将永远无法达到目标。

专注于一个愿景会变得更强大

班贝格家族接受了弗莱克斯纳关于建立科学研究所的设想，并给予他 IAS 的控制权，于 1930 年任命他为院长。弗莱克斯纳知道 IAS 不可能在所有方面都有竞争力。他只想在数个领域成为世界级的。当弗莱克斯纳建立 IAS 时，他决定专注于数学。维布伦、爱因斯坦和赫尔曼·威尔是他早期雇用的顶级学者，他们是世界级的。弗莱克斯纳想在几个领域出类拔萃，而不是在众多领域仅仅达到中上水平。当他集中资源追逐他选择的几个领域中最优秀的科学家时，他成功了。他的专注是创新的关键一步，因为进步来自知识的突破。为了超越已知的东西，你必须聚焦。

弗莱克斯纳聚焦于 IAS 的核心使命，将其作为科学进步的绿洲，拒绝接受学生入学，也不像大多数高等院校那样授予学位。尽管一些教师偶尔提出异议，希望 IAS 与更传统的大学类似，但他坚持这一观点。

弗莱克斯纳认为，教授课程会让研究人员从他们的实验中分心，而指导博士生会让教师的注意力从他们自己的工作中转移。他写道："从组织的角度来看，IAS 是你能想到的最简单、最不正式的机构。"

IAS 的天才们被隔离在修道院般的乡村氛围中，在那里他们可以专注于自己的工作。几乎没有什么让人分心的事情。一位来访的英国学者的妻子注意到科学家们的奉献精神，问弗莱克斯纳：

"每个人都工作到凌晨两点吗?"

缩小焦点会使它更密集、更牢固,就像钉子一样。有一次,我问我的一位科学家,他是否强壮到能够拿起一把锤子把我们面前的胡桃木桌子砸穿。

"当然不。"他回答,"锤子太钝了。我只能在桌子上弄出些凹痕,但我永远也砸不穿。"

"如果我给你一颗钉子,"我问,"你能用钉子钉穿桌子吗?"

"当然,"他笑着说,"这是显而易见的。"

我继续解释说,他正在处理的问题是如此复杂,无论他如何绞尽脑汁也不能一蹴而就,如果他同时处理所有的问题,他永远也解决不了其中的任何一个。我告诉他:"选择一个问题,然后用钉子将桌子击穿。"

追逐松鼠很有趣

在弗莱克斯纳职业生涯的后期,他丧失了专注力,注意力急剧分散。当知名的中国武术手稿收藏拍卖时,弗莱克斯纳凑足了资金,以便为 IAS 购买。问题是,IAS 中没有一个专门从事中国研究的专家,也没有向这个方向发展的计划。

弗莱克斯纳告诉 IAS 的董事会,这是一个千载难逢的机会,他预测在 20 世纪,人们对中国的兴趣会越来越大。但 IAS 从未培养出任何中国学者,而弗莱克斯纳将 IAS 的大部分捐赠资金用于一项显然不在 IAS 重点范围之内的"登月计划"。

对于 IAS 来说，这款藏品的价格太高，鉴于它当时资金十分紧张，这笔收购迫使他违背了自己对一些女性和初级教师加薪的承诺。虽然组织购买如此著名的古董藏品颇具轰动效应，但从长远来看，这对弗莱克斯纳的组织几乎没有什么好处。

追逐松鼠的问题在于它很有趣。起初，分散注意力几乎总是比你现在正在做的事情更令人兴奋。它们新奇有趣，十分具有吸引力。比起解决当前项目中的障碍，分散注意力总是更容易。

决定不做什么

当弗莱克斯纳在洛克菲勒基金会（Rockefeller Foundation）工作时，基金会的主席决定提供很多小额的资助，而不是一些可以改变整个机构的大额资助。弗莱克斯纳说，零敲碎打将大大削弱基金会的使命，几乎不会产生什么作用，他很可能是对的。洛克菲勒基金会成立不久后芝加哥大学和洛克菲勒大学就相继成立，这两所大学都产生了多位诺贝尔奖得主。有人可能会说，基金会在那之后所做的一切都没有现在这么富有成效。

无论何时开始一个新项目，领导者面临的最困难的决定之一不是首先做什么，而是不做什么。许多科学家爱上了他们自己的想法。要想让他们抛弃其中任何一个，"离婚律师"都需要有钢铁般的意志。

专注意味着牺牲。你只做你关注的每件事,而不做别的事。你做的每一个决定都有机会成本。苹果公司的首席设计师约尼·伊夫(Jony Ive)说,"专注意味着否认你身体里的每根骨头都是一个非凡的想法,你刚睡醒时可能会这么想,但最后你会拒绝这种想法,因为你要关注于其他事情。"

领导者需要小心避免爱上任何特定想法的美,因为这种美可能只是海市蜃楼。如果你不能设想出一种将想法转化为现实的方法,那么这个想法可能就不值得去追求。

"发明和创新是不同的,"在约翰·霍普金斯大学任教的专利律师劳伦斯·胡斯克(Lawrence Husik)说,"发明是新事物,创新是创造价值的新事物。"你的工作就是让一个天才更多地专注于创新,而不是发明创造。

分心会引起争论

追赶松鼠意味着方向的改变。如果你作为领导者做出了朝着之前决定的方向发展的承诺,然后又改变了方向,你就违背了这些承诺。食言是追逐松鼠的后果之一。

弗莱克斯纳任命的 IAS 数学系主任奥斯瓦尔德·维布伦很有说服力、固执、不屈不挠,他认为自己是洞察一切的人。由于经常离题,他多次违反与弗莱克斯纳和爱因斯坦的协议。他这样做是因为他对一个新想法上瘾了,不是因为它的价值,而是因为它的新奇。然后，他会把曾承诺给别人，如爱因斯坦的资源重新分配给其他人，以实现他的新想法。

尽管弗莱克斯纳设想了一个研究机构，其中的教师不专注于教授学生，但维布伦开始招收研究生，他喜欢和学生们交流，因为他可以给学生们分配任务，让学生追求他的想法。尽管维布伦此前答应弗莱克斯纳不招收任何研究生，但他还是招收了一些。

弗莱克斯纳与维布伦见了面，提醒他回归他们最初的协议。但维布伦绕过弗莱克斯纳，直接去了 IAS 的教职员工那里，结果事与愿违，因为教职员工支持弗莱克斯纳。弗莱克斯纳不得不多次引导维布伦回到 IAS 的使命上来：只专注于研究而不进行教学。这些动荡发生部分是因为维布伦喜欢分心，他喜欢让许多人同时研究他的多个想法。

爱因斯坦的关注点

爱因斯坦在 IAS 的同事利奥波德·英费尔德说："我们是浴室、冰箱、汽车、收音机和其他数百万东西的奴隶。"爱因斯坦完全相信这一点，并精简了他生活中的一切。他不穿袜子，不理发，也不穿睡衣。他的办公室特别凌乱，因为清理它会浪费宝贵的时间，更重要的是，这会占用他的注意力。

爱因斯坦的第二任妻子埃尔莎·洛温塔尔（Elsa Lowenthal）为他打理一切，所以他可以专注于他的工作。她没有向他要求任何回报。一天晚上，他们和另外一对夫妇在一起，那位妻子让丈夫给她拿外套。埃尔莎很震惊，她说："我绝不会让教授这么做。"

当埃尔莎因心脏和肾脏衰竭去世时，爱因斯坦像一个迷路的小男孩一样在家里游荡。他太专注于工作，不知道如何管理家务。

爱因斯坦很容易陷入遐想，以至于他会忘记下班回家的路。有一次，他打电话给普林斯顿大学的院长办公室，问工作人员是否知道爱因斯坦博士住在哪里。她回答说，他们无法提供这个信息。他解释说他就是爱因斯坦博士，他找不到回家的路了。

爱因斯坦和埃尔莎在普林斯顿默瑟街 112 号买了一所小房子，房子离 IAS 很近，天气允许的话，他可以步行去上班。他的散步成为普林斯顿大学的标志性活动。他会漫步在绿树成荫的街道上，陷入沉思。他说他大部分最好的工作成果都是在散步的时候做出来的。他是如此专注于他头脑中的实验，以至于他常常不会注意到周围的任何环境。

游客们在他下班回家的路上认出了他。他们走近他，要求和他合影。他会彬彬有礼地停下来，满足他们的要求，然后一言不发地继续往前走，仿佛从来没有人打扰过他，仿佛他从来没有意识到游客们来过。

物理学中的白日梦

爱因斯坦是出了名的容易分心。他在苏黎世做专利工作时的遐想导致了狭义相对论（Special Theory of Relativity）的诞生，所以很难想象他的老板会强迫他完成任务。爱因斯坦接受 IAS 的职位后，要求分别在此和加州理工学院工作。虽然弗莱克斯纳十分震惊和担忧，但他以一种平和的语调回应说，IAS 要想发展，就需要爱因斯坦所有的才能。他补充说，如果爱因斯坦待在一个地方做一个项目，他的工作效率会更高。

弗莱克斯纳是对的。IAS 需要爱因斯坦的公众信誉、影响力，以及便于进一步招募科学家，尽管爱因斯坦在加州理工学院的工作可能更有成效。他会与物理学家密立根（Millikan）和费曼（Feynman）合作，而不是被 IAS 的数学家孤立和排斥。

1941 年，在第二次世界大战最黑暗的日子里，爱因斯坦与古怪的精神病学家威廉·赖希（Wilhem Reich）有过一段令人尴尬的插曲。赖希在给爱因斯坦的信中写道，他发现了一种"生物上有效的能量"，这种能量不同于所有目前可能"用于抗击法西斯瘟疫"的形式的能量。赖希声称他没有发表这一发现，因为他与传统物理科学家有过"糟糕的经历"。

任何人都会对从未发现过的无尽的生物心理能量产生怀疑，但爱因斯坦却用他的方程 $E=mc^2$ 发现了一种无尽的新能源。质量可以转化为能量。这导致铀分裂成两个较小的原子，它们的总质量小于母原子，并释放出巨大的能量。此外，爱因斯坦迫切地想赢得对纳粹的战争。

他们在爱因斯坦位于普林斯顿的家里见过几次面，聊了好几个小时。他们通信了好几年，爱因斯坦建立了一个实验装置测试赖希的能量来源，并找到了一个简单的电磁解释。在向赖希解释了他的理论背后并没有什么特别之处之后，爱因斯坦认为事情就这样结束了。

赖希后来私下出版了一本名为《爱因斯坦事件》(*The Einstein Affair*)的书，在书中他描述了他们之间的讨论和通信，并暗示爱因斯坦支持他的理论。尽管爱因斯坦回应说，赖希的"理论不足以让我相信"，但他已被这种骗人的科学玷污了。普林斯顿的其他物理学家在他背后偷偷嘲笑他。

数十亿美元的干扰

强迫天才只专注于以前设定的目标意味着他们可能会错过另一个领域的惊人突破。大多数突破都来自天才的遐想，这个梦与他们被分配的任务并不相干。

领导者不应该限制天才的思维过程。领导者工作的一个关键部分是解放天才的思想。一些干扰可能是催生出重大突破的关键，而这个突破可能价值不菲。

想想那些最开始让你分心的大生意。星巴克（Starbucks）从咖啡豆和浓缩咖啡设备起家。销售现场制作的热咖啡是后来才想到的。推特最初只是奥德奥①（Odeo）的一个实验项目。3M公司之所以能够扩张，是因为他们的一位砂纸销售代表意识到，非永久性黏合剂将会有巨大的市场。他小小的修改为人们带来了胶带、透明胶带和便利贴。

领导天才所面临的主要困境是在专注和自由之间保持平衡。如果天才将注意力集中在手头的项目上，他会有更大的成就，但有时，他的分心也会成为有价值的洞见，可以引领他进入新的行业。有些松鼠是值得追赶的。

干扰与创新

大多数领导者都无法区分天才的创新想法和破坏生产力的干扰因素。天才站在两支交战的军队之间。一方面是纷乱的干扰，另一方面是将彻底改变组织的创新。你无法预先分辨哪个是干扰，哪个是创新。

双方都在要求天才的关注。这会让天才和你都陷入停滞，然后生产力就会停滞不前。现在的挑战是，如何决定哪些想法是创新，哪些是代价高昂的干扰。有两个问题可以帮助你分辨：

- 这个想法背后的人会愿意自己花钱把这个想法变成一个真正

---

① 奥德奥于2005年成立，是美国一家主要从事博客业务的公司，其主营业务已于2017年出售。——译者注

的产品吗? 当人们不得不花费自己的资源将这个想法付诸实践时,他们就会成为更严格的批评者。

- **这个想法是否提升了你的核心任务?** 这个新想法是否将你目前正在做的事情提升到了一个新的层次?通过在零售店销售热咖啡,星巴克为其咖啡豆和浓缩咖啡机找到了最佳的潜在客户——它自己。星巴克的核心使命是推广咖啡饮用。他们的直接项目目标是销售更多的浓缩咖啡机和高品质的咖啡豆。在零售店销售定制的特色咖啡并没有立即实现这个项目目标,但这的确实现了他们的核心使命。最终,它实现了之前的目标,因为他们在自己的零售店销售自己的咖啡豆。

  奥德奥是建立在加强人际交往的原则之上的。推特在这方面做得比其他公司都好。奥德奥意识到,推特比他们正在做的任何事情都能更好地完成他们的核心使命,所以他们接受了推特。奥德奥能够将核心任务置于任何单个项目之上。

五个问题来帮助你选择胜利的想法

五个问题可以帮助你和天才评估一个想法是否值得追求。这些问题在下面的图表中进行了说明。

- **这种方法新颖吗?** 这个问题可能已经被攻击过很多次了,但是如果这个方法不新颖，那么这个想法就不大可能成功。非原创的方法不会成功，因为可能已经存在知识产权。你在做的事可能已经有人做过了。

实验室研究员雅克·尼克罗夫（Jac Nickoloff）观察到，仅仅在网上搜索一个下午，就可以节省整整一个月的实验时间。你会惊讶地发现，重复的实验花费了如此多的精力，而这些实验之前已经被证明是失败的。如果你花时间去找的话，你就能找到那些失败的实验，这就是爱因斯坦将不显著的研究结果发表出来的原因，关着的门对其他人来说仍然是重要的数据。

- **这个想法可行吗？** 这个新主意可以在可能性的边缘，但必须是可行的。例如，火星之旅是可能的，但金星的大气中含有硫酸，温度高达470摄氏度，足以让铅熔化。如果我的部门有人提议去金星，我不太可能批准这个实验。

- **你的组织能负担得起这个想法吗？** 除非你的组织有像比尔·盖茨这样的支持者，否则你必须选择那些可以用你所拥有的资源去探索的想法。你可以把一切都押在这个想法上，就像雷神公司对微波所做的那样。如果在花费所有资源的同时无法获得足够的数据来获得进一步的资金，那么这个想法可能会扼杀你的组织。

- **这个想法是否具体到足以不损害其他努力？** 探索这个想法必须伴随着较低的机会成本。如果这个想法走向了一个死胡同，那么最初的项目一定不能无法挽救。没有人应该因为你的团队探索了一个新的想法而被解雇。

- **这个想法优雅吗？** 你如何评估一个想法的优雅性？有两种不同类型的优雅。其中之一就是我所说的额头被撞得粉身碎骨的优雅。当一个想法被解释给你听时，你拍拍额头说："当然！我早该想到这一点！"这种方法很新颖，但整个团队都能理解，而不仅仅是天才才能理解。每个人都能马上看出这个想法可以如何落实。这个想法就像一个很好的笑话，每个人都理解它，它给他们的脸上带来微笑。

  另一种优雅是超凡脱俗的。它就像日食一样。它让你在宇宙面前感到渺小。人们对这种优雅的反应是对这种深刻见解的敬畏。有一种神圣的感觉。这个想法超出了团队的正常能力，团队很感激他们能够成为这个想法的一部分。这个想法和走进西斯廷教堂①（Sistine Chapel）一样，令人惊叹。

  这种想法的神圣优雅会在你心中扎根，即使失败，你也很难放弃。这种洞察力所激发的敬畏不应被误认为是应用的潜力。这种优雅可能令人陶醉。无论是天才还是领导者，都会真正爱上这些想法，无论疾病还是健康，都会一直坚持这些想法，而不管它们是否真的对组织有所帮助。见图 9.1。

---

① 西斯廷教堂建于 1480 年，位于意大利首都罗马市西北郊的梵蒂冈城，为梵蒂冈宫的教皇礼拜堂。——译者注

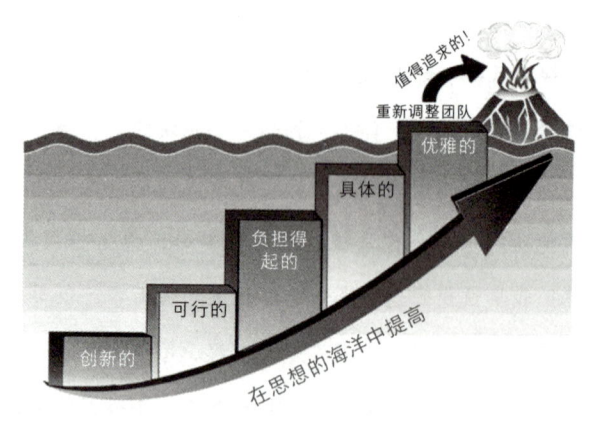

图 9.1

　　重申一次，领导天才的首要条件是平衡。允许天才去追求每一件让他分心的事情，会导致核心任务的分散和团队凝聚力的丧失。不仅最初的项目无法完成，而且天才从来没有抓住他所追求的任何想法。

　　另一方面，过多强迫的专注限制了天才的创造性才能，他们无法取得任何突破。在探索想法之前，使用上面讨论的五个问题进行测试本身就是一种专注的练习，因为你需要仔细选择要探索哪一个想法。这些问题将帮助你识别可推行到市场的想法。

　　天才很容易从项目中分心，仅仅是因为他的天赋。无论他有多聪明，他也不能什么都学。由于有些干扰会催生全新的行业，所以选择追求哪一种干扰可能是领导者能做出的最重要的决定。

重要启示

- 聪明的领导者会忽略松鼠,最明智的领导者会仔细选择追逐哪只松鼠。

爱因斯坦的老板
Einstein's Boss:
10 Rules for Leading Genius

第十章 规则 8：协调心灵和头脑

不管我们怎么想，不管我们多么努力地想变得坚忍和专业，我们的情绪都会控制我们的生活，天才也是一样。天才要想最有成效，他的心灵需要与头脑保持和谐。如果天才的心灵受到困扰，他的头脑就会分心，失去创造力。他的理智会陷入情感的混乱，无法在想象的风景中自由驰骋。

由于理解了这一点，弗莱克斯纳非常富有同情心。或许最好的例子就是他对之前提到过的德国著名数学物理学家赫尔曼·威尔的耐心招募。威尔的妻子是犹太人，他深爱着她。尽管他非常爱国，但他对纳粹掌权感到紧张。1932年，当弗莱克斯纳第一次向他提供教职时，威尔是哥廷根大学的数学系主任。当时人们普遍认为，哥廷根大学是世界上最好的数学研究机构。威尔最初接受了弗莱克斯纳的提议，随即拒绝，然后又"不可挽回地"接受了。

弗莱克斯纳非常激动，IAS董事会批准了这一任命。1933年，就在威尔赴任之前，威尔的岳母死于流感。威尔给弗莱克斯纳发电报说，他觉得自己应该留在德国。

威尔后来解释说，他曾希望对德国的政治未来发挥一些影响力。尽管他做出了种种努力，纳粹还是大获全胜。威尔天真到极点，以为他能改变他们对权力的争夺。夹在对大学和国家的爱与对妻子的爱之间，他患上了严重的抑郁症，住进了苏黎世的医院。

威尔的拒绝让 IAS 的董事会感觉受到了侮辱。他们取消了安排给他的教职，给了约翰·冯·诺依曼作为替代，后者在计算机的发展中发挥了关键作用。

在威尔住院期间，纳粹解雇了哥廷根大学的犹太教职工，大多数留下来的教职工辞职以示抗议。回到哥廷根大学后，威尔为妻子面临的危险感到痛苦。他意识到，他必须离开德国去救她，但他拖延得太久了。

他联系了多所大学，但都没有职位，因为很多优秀的科学家都在逃离德国。他一直和维布伦保持着联系，维布伦和其他人都向弗莱克斯纳提到，威尔对妻子的安全越来越绝望。

弗莱克斯纳慷慨地为威尔提供了另一个职位，威尔立刻接受了。威尔和他的家人在纳粹不知情的情况下离开了德国。三年后，威尔在给弗莱克斯纳的信中写道："亲爱的弗莱克斯纳博士，〔每年夏天〕我们离开普林斯顿时，威尔太太和我都会重新认识到我们对你的感激之情。"

弗莱克斯纳明白，威尔矛盾的情感、对大学的责任感、对国家的爱以及对妻子的爱，都限制了他理性行事。弗莱克斯纳明白，天才首先是人，然后才是天才。

弗莱克斯纳对威尔的拒绝并不怀恨在心。他有能力对威尔过去的拒绝释怀，这得以将威尔的妻子从大屠杀中拯救了出来。不寻常的慷慨和宽容让弗莱克斯纳在那时与威尔保持着联系，即使是在威尔改变主意，拒绝了 IAS 后。

星期五晚上独自一人

一个星期五的深夜，我正要离开医疗中心，这时我看到了我们院里最著名的心脏病学教授之一——他曾协助发明了一种新的心脏瓣膜，穿着手术服在急诊室里。我知道他前一天晚上一直在接听急救电话。我问他为什么还在那里。

"我和妻子大吵了一架。我只是不知道怎么和她说话了，我宁愿待在医院也不愿待在家里。"他回答道。

哇，这在很多层面上都不是正确的答案。我停下来，坐在他身边。我试着解释，他这样接电话对他的病人没有任何好处。由于工作时间太长，他和妻子之间的关系越来越疏远。他宁愿躲开她，也不愿意解决他们之间的争论。沉默只能拖延争论，并不能解决它们。

我们谈到，疲劳会使他失去创造力，最终他只会走过场装装样子。病人来找他，是因为他提出了治疗心脏病的创新方法。如果他家里的问题没有解决，却留在医院以避免解决问题的痛苦，他就会因为太分心和劳累而无法成为满足病人需要的医生。他的病人需要他的天赋才能活下来，而他却没有足够的精力去帮助他们。

天才需要团队

今天，巨大进步的取得最普遍的是由众多其他团队支持的多个真正的天才组成的团队。单个孤独的天才在黑暗的地下办公室里关着门工作，然后取得了巨大的技术进步，这几乎是闻所未闻的。过去，天才可以隐藏不正常的性格，因为他大部分时间都是独自一个人。大多数人都认为牛顿是一个严厉和愤怒的人，但他在数学系统中独自工作，这使他能够取得惊人的成就。

今天，物理学的进步是由庞大的天才团队取得的，每个团队都要解决一个微小但深刻的问题。在这种情况下，愤怒、霸凌和自私是无法隐藏的，而这些品质中的任何一种都会破坏团队。考虑到当今大多数天才都必须与他人紧密合作才能取得真正的进步，沟通、诚实和关心团队比以往任何时候都更重要。这些特征更多地源于内心，而不是头脑。

天才的内心必须有一种可以点燃的激情。你的工作就是点燃激情的火花。要想成功，天才必须有自己的性格，而你作为他们的领导者，必须能够深入他们的内心，触及他们的性格。

天才所能实现的巨大飞跃，需要天才从深层次和情感上关心问题。天才要求拥有自由去思考任何想法，无论多么危险或荒谬。

这种自由只有在天才处于一种温暖和支持的环境中时才会拥有，在这种环境中，思考激进的想法几乎没有代价。

当伽利略看到，如果他继续研究地球是如何围绕太阳运转的，那么那些研究仪器就会让他备受折磨，他的工作效率也会大大降低。爱因斯坦具有重大创造性的、几乎是史无前例的突破来自他还是苏黎世的一名专利局职员，周围有一群朋友，并仍与他的第一任妻子米列娃（Mileva）热烈相爱着的时候。

听玛丽的话

之前我讲过罗伯特·凯德[①]（Robert Cade）的故事，以及他是如何发明佳得乐（Gatorade）的。他是一个非常快乐的天才。他会第一个承认，他的最佳发现来自与妻子玛丽的讨论，即使玛丽对他的专长 —— 肾功能 —— 一无所知。

当他从工作中抽离时，他会走到训练场去观看佛罗里达大学鳄鱼队（Gators）的橄榄球训练。佛罗里达的夏天就像有人在你头上盖了块热气腾腾的湿毯子。你无法呼吸，你会汗流浃背，但汗水却从不蒸发。橄榄球运动员每次训练都要喝几加仑的水，但凯德注意到他们在训练后不会小便。他问了一个现在很知名的问题："为什么橄榄球运动员在训练后不小便呢？"

[①] 罗伯特·凯德（1927—2007），美国物理学家、大学教授、科学家和发明家。凯德一生主要从事医学研究，最广为人知的成就是运动饮料佳得乐研发团队的领导者，这种饮料在治疗病人脱水方面具有重要的医学应用。——译者注

在擦拭橄榄球运动员的汗液并分析他们流失的盐分后，他发现，橄榄球运动员在一场比赛中会流失多达 18 磅的液体，他们不仅会流失钠，还会流失钾。由于在比赛中喝水不足以维持血量和耐力，他意识到，橄榄球运动员不仅需要喝水，还需要补充钠和钾，并且他们需要葡萄糖来吸收这些盐分。

凯德和他的团队为佛罗里达大学橄榄球队有望领先对手而兴奋不已，他们发明出第一款运动功能饮料，并在球员身上进行了测试。凯德团队的一名成员达娜·希雷斯（Dana Shires）说，尽管它似乎能保持队员们的体力，但没有人愿意喝，因为"它尝起来有点像抽水马桶清洁剂"。

一天晚上，凯德对他的妻子玛丽说，他没法让球员喝足够的饮料来补充他们流失的体液，因为那种饮料的味道太恶心了。她想到了一个主意，在饮料中加入杂货店柠檬水的混合物，于是佳得乐就诞生了！

佳得乐在 1965 年佛罗里达大学对路易斯安那州立大学的橄榄球比赛中首次发挥了作用。在摄氏 39 度的高温下，路易斯安那州立大学球队在下半场的表现让人大失所望，但防守严密的鳄鱼队却没有让人失望。他们重振雄风，赢得了比赛。佛罗里达大学的橄榄球队教练确信，是佳得乐带来了改变，他邀请凯德和他的团队在剩下的赛季中为全队保持足够的能量。

在1967年与佐治亚理工学院（Georgia Tech）的橘子碗①（Orange Bowl）比赛中，鳄鱼队反败为胜，赢得了冠军，从此奠定了他们作为一支不朽的全美顶级运动队的声誉。佐治亚理工学院教练鲍比·多德（Bobby Dodd）在赛后的新闻发布会上说："我们没有佳得乐，所以我们输了。"

我的部门和我们的大学仍然受益于凯德坚持不懈的天赋。这个名字的版权费已达数十亿美元。这些版税用于支持生物医学研究和培训年轻的肾病科学家。

虽然凯德博士于2007年离开了我们，玛丽仍然参加了我们学校的大部分社会活动。在一个佳得乐周年庆的大型宴会上，我弯下腰对她说："如果没有你，这一切都不会发生。"

她笑着说："当然会的。别人也会这么做的。"

我不同意这个说法。许多天才让看不见的东西变得显而易见。玛丽对这个数十亿美元的企业所做的贡献和鲍勃一样多。他大部分时间都在向山顶攀登，但是她将他推到了山顶。我相信，鲍勃·凯德与玛丽的关系使他取得了比独自一人时更大的成就。玛丽给了他发挥创造力的支持和自由。当鲍勃谈论工作中的问题时，她专注地倾听。她练习积极倾听，即使她并不知道那是什么。鲍勃的成功得益于他所处的支持性情感环境。

---

① 橘子碗一词来源于橘子碗委员会，该组织创办于1935年，最初是为了促进南佛罗里达州的旅游业而举办一年一度的橄榄球赛。经过几十年的发展，橘子碗如今还举办许多其他流行的体育项目，如网球、田径、篮球等的赛事。——译者注

我常常好奇，有多少天才的领导者因为没有处在正确的环境中而错过了机会。伟大的领导者会认可天才，然后为这个天才提供专属于这个天才的最安全、最具活力的情感环境。伟大的领导者能够发现并培养天才。

爱因斯坦的感情生活

就连爱因斯坦也容易受到情绪的影响，驱使他做出不同寻常的行为，限制他的工作效率。1905 年，爱因斯坦提出了他的光电效应理论，从而获得了诺贝尔奖，并导致了狭义相对论，即著名的公式 $E=mc^2$ 的诞生。他把这段时间称为他的奇迹之年（Annus Mirabilis，拉丁语），因为这一年他的洞见如此之多，以至于无法把它们全部罗列出来。

他在伯尔尼（Bern）专利局的办公桌上，以飞快的速度在索引卡上写下一个又一个奇妙的想法。他对这些见解感到敬畏。他热爱数学方程式的美，以及它拓展宇宙的方式。这神奇的一年发生在他与米列娃·玛丽克（Mileva Maric）热恋时，她是爱因斯坦在伯尔尼大学遇到的一名物理系学生。

他一边遐想，一边在办公桌上的索引卡上乱写乱画，他产生了后来被他称为"我一生中最幸运的想法"。爱因斯坦设想了一幅画面：一个人站在摩天大楼作自由落体运动的电梯中，对于这个人，他就好像不受任何力作用一般。他用这个画面建立了狭义相对论，并将其应用于引力。

与他的这种惊人的创造力爆发相对的，10年后，他和米列娃的婚姻破裂了。随着他的名气越来越大，他们不断地争吵。他的职业需要占用了他陪伴家人的时间，夫妻之间的每一次互动都充满了紧张和苦涩。

爱因斯坦同意为了他们的孩子而努力维持这段婚姻。作为一名科学家，他提出了一系列让人难以置信的维持婚姻的要求。他要求她打扫他的房间，每天给他送三顿饭，并放弃所有的私人来往和亲密关系。而米列娃不能要求爱因斯坦花时间陪她，也不要幻想爱因斯坦陪她做任何事情。当他让她闭嘴时，她必须闭嘴。

他有时对自己的要求感到懊悔。他在写给朋友米歇尔·贝索（Michele Besso）的信中写道："我们男人是可悲的、依赖他人的生物。"

当米列娃和爱因斯坦分居时，贝索试图介入并挽救他们的婚姻。1916年，贝索在苏黎世拜访了米列娃之后，他写信给爱因斯坦，希望他能够在暑假期间尝试和解。而爱因斯坦不会这么做。

"如果我最终没有找到与她保持距离的力量，我的身体和精神都会崩溃。"他回信说。

爱因斯坦最终与米列娃离婚，并承诺将把诺贝尔奖的奖金留给她。1919年，他与远房表亲埃尔莎·洛温塔尔结婚。她为他操持家务、付账单、安排日程，最重要的是从不抱怨。她从不向他提出任何要求，满足于生活在他的阴影下。

在这段婚姻存续了几年之后,人们认为他们的婚姻完全变成了柏拉图式的。据说爱因斯坦在婚姻期间有过多次婚外情。他可能和他的秘书贝蒂·诺伊曼(Betty Neumann)有染。他是一个有魅力的文化偶像,吸引了许多女性,而不仅仅是科学家同行。在他的一封书信中,爱因斯坦描述了六个可能是他外遇对象的女人。

埃尔莎显然不介意。她为他保留了普林斯顿默瑟街 112 号的房子。她在婚姻中给了他与在 IAS 同样的自由。

随着爱因斯坦年龄的增长,他以慷慨和温柔而闻名。他在自己与米列娃的婚姻中提出的苛刻要求完全不符合他的性格。他的行为表明,即使是最伟大的头脑,内心的压力和紧张也会导致行为不尽如人意。即使是性格很好的天才也会受到情绪的折磨,被迫做一些残忍的事情。心灵会影响头脑的行动,我们没有人能回避这个问题,即使是爱因斯坦。

情感环境塑造了天才

当爱因斯坦在伯尔尼专利局工作时,他有很多朋友,处于积极的、包容的环境中。他后来说,"(我)在那里萌生了最好的想法"。他的一个朋友马塞尔·格罗斯曼(Marcel Grossman)是他的大学同学,十分富有,他让爱因斯坦用他的笔记备考,因为爱因斯坦经常逃课。当爱因斯坦大学毕业需要工作时,格罗斯曼为他在专利局找到了一份工作。

爱因斯坦认为，米歇尔·贝索是他最好的朋友，给予了他情感上的支持。贝索曾敦促爱因斯坦阅读经验主义哲学家恩斯特·马赫[①]（Ernst Mach）的著作。马赫认为，只有基于实验或数学分析的结论才可信。

爱因斯坦欣赏马赫的"廉洁的怀疑主义"。他把自己乐观的怀疑主义建立在这种经验主义哲学的基础上，从不让内心的自我阻止他承认自己错了。他总是仔细检验自己的假设。

在专利局的工作对发展爱因斯坦的天赋起到了重要作用。尽管这项工作很无聊，但它需要对细节的关注和惊人的记忆力，因为专利不能侵犯他人的权利。这项工作需要工程和数学方面的知识。在专利局工作训练了爱因斯坦缜密并有逻辑性的思维。

爱因斯坦唯一存留下来的专利评估来自1907年的一份法庭文件。爱因斯坦成名后，伯尔尼专利局销毁了他的其他工作成果。在唯一幸存下来的评估中，他拒绝了柏林AEG公司[②]（AEG Company）为一台交流电机申请的专利，因为它"不准确、不精确、显然准备不充分"。精确将成为爱因斯坦的标志。

通过快速完成专利局单调乏味的工作，他每天可以用大部分时间将数学方程式写在小索引卡上，每当有主管经过时，他就把

[①] 恩斯特·马赫（1838—1916），奥地利著名物理学家，经验批判主义的开创者，研究成果包括马赫数、马赫效应等。——译者注
[②] AEG公司全称为Allgemeine Elektricitäts-Gesellschaft，著名的电气公司。该公司的前身由创始人埃米尔·拉特诺于1883年建立，于1887年更名为AEG。该公司主要生产电气和电信设备、电子元件、办公机器、电脑和家用电器。——译者注

索引卡藏在书桌里。专利局的工作不仅训练他严谨地思考，而且让他有机会不受约束、不受干扰地思考，同时还能获得报酬。

由于他还没有完成博士课程，当时主导学术物理学的先入之见和模型并没有约束他。在他接受大学教职之前，他算得上已经有了一个带薪的研究职位。他在专利局受到的干扰可能比他职业生涯中的任何时候都要少。

这种环境使爱因斯坦的天赋得以蓬勃发展。我们想当然地认为天才天生就比其他人聪明，但我们没有考虑到他们所受的训练及所处的环境对天赋的发展所起的作用。

内在的一致性

关爱天才心灵的终极目标是引导他们达到内在的一致性。他们的心灵和大脑必须保持一致。如果情绪和才智无法协调，那么任何人都不会做出什么成就，即便是天才也是如此。认知失调可能是一种强大而痛苦的力量，强大是因为它能改变拥有最高智商的人的行为，而痛苦是因为它能严重伤害一个天才，使他逃避承担某些你可能需要他承担的挑战。

认知失调会让天才做出奇怪的事情，从而扰乱团队。关注天才的心灵意味着帮助他达到一种内在一致性的状态，在这种状态下，他的情感和智力是正确一致的。这是创造力的最佳状态。

人们竭尽全力保持内部和外部环境的一致性。当头脑或心灵对某件事感到不舒服时，我们试图强迫某一方保持某种一致性。如果情绪告诉我们，我们想要一些东西，但实际上我们知道自己无法获得这些东西，然后我们就开始编造理由，解释为什么从一开始我们就不是真的想要这些东西。

一个著名的测试认知失调的实验让两组人员进行一项无聊的任务。这是我们为了避免认知失调而对自己撒谎的第一个例子。第一组测试者得到 20 美元，第二组测试者得到 1 美元。在两组人员完成任务并知道它很无聊之后，他们都必须说服对方，这个任务很有趣。在试图说服对方之后，两组测试者都被要求评价这个任务是否有趣。获得 20 美元的小组认为这个任务很无聊，但获得 1 美元的小组认为这个任务很有趣。

进行这项研究的心理学家指出，报酬较低的那组人认为这项任务很有趣，因为他们需要内在的一致性，才能让对方相信这项任务很有趣。认知失调的不适迫使他们为了欺骗他人而欺骗自己。由于报酬较高的那一组获得了较高的收入，他们不需要基于任何内在的原因来欺骗自身。

认知失调是天才会出现的一个问题。天才会寻求内心的和谐，即使这意味着让自己相信一些并不真实的东西。天才必须改变他看待现实的方式，以保持内心的和谐。这样做会在天才的思维过程中插入一个重要的缺陷——计算机蠕虫[①]。

[①] 计算机蠕虫是一种能够自我复制的计算机程序，其不需要附在其他程序内，未必会直接破坏感染蠕虫的系统，但会对网络造成破坏，如降低运行效率、占据运算能力等。——译者注

天才的心灵和头脑之间的不和谐将产生一种内在的不和谐，这将破坏他们的智力能力。为了容忍认知失调，他们会让自己相信不真实的事情。允许这种思维凌乱存在于哪怕是他们思维的一个小小的角落，都会削弱他们的创造力。

头脑与心灵之间、智力和情感之间的不和谐可能来自不愉快的爱情或缺乏领导的支持。如果天才的心灵被权力或财富所诱惑，使他行为不端，就会导致不和谐。在这种情况下，天才的心灵会驱使头脑去做那些头脑明知道会适得其反的事情。

无论天才多么清楚这些行为最终会伤害到自己，他都无法停下来，因为他允许谎言活在了自己的脑海中。为了保持认知的一致性，他接受了谎言。

解决内在不和谐的方法

解决情感和智力的不协调需要时间和耐心，因为你必须首先与天才建立联系，才能发现不和谐的地方。建立信任关系的方法如下：

- 自我评估是避免以自我为中心的关键第一步，这样你就能对天才的内心世界保持敏感。自我评估让你在情感上更容易接近天才。
- 积极倾听能让你在困扰天才的问题变成灾难之前探讨问题所在。因为领导者们都很忙，所以安排相应的时间是个好主意。

我总是提供一些饮料——咖啡或无糖汽水——因为吞咽的生理行为会减缓心率，减少紧张。

我会问一些无关紧要的问题，以避免产生抵触情绪。我不会问天才他和他的配偶之间的关系，而是问他们是否有足够浪漫的周末。我不会问他们的孩子表现如何，而是问天才对他们孩子的学校是否满意。用一个不具威胁性的问题来打开话题，然后用主动倾听的方式来回顾和跟进，以便更深入地探究。

- **你的透明度对于建立信任非常重要，而这种信任是使天才公开谈论困扰他的问题所必需的。** 除非天才相信，除了关心他的幸福，你没有其他隐藏的意图，否则他不会向你透露那些限制他创造力的问题。
- **提升团队关系的魔力，有助于天才感到不被孤立。** 通过把不同性格的人组合在一起，你可以为天才创造很多机会，敞开心扉倾诉他们所面临的压力。

花点时间看看天才的生平。领导者们总避免这样做，因为他们认为这会是一个黑洞，占据他们的时间和精力。我认为，如果你不这样做，你以后将会付出更多的代价来弥补生产力的损失。

在天才身上寻找不和谐的迹象。观察他们是否分心或急躁。他们是否总是容易生气或恼怒？他们异常地喜好争辩并喜欢妨碍别人吗？这些都是心灵和头脑不和谐的迹象。我称之为情感解体，如下图所示。如果头脑与心灵不一致，那么天才的想法就会与情绪不一致。见图 10.1。

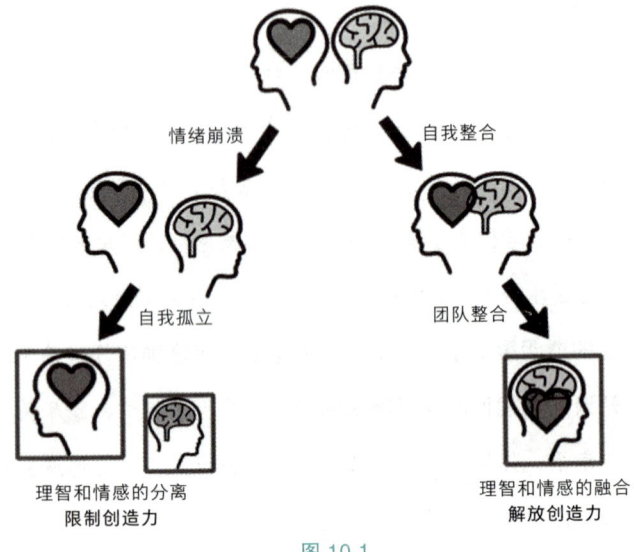

情绪崩溃　　　　　　　自我整合

自我孤立　　　　　　　团队整合

理智和情感的分离　　　理智和情感的融合
限制创造力　　　　　　解放创造力

图 10.1

就好像他的心灵和头脑在说着不同的语言，互相不理解，这会导致瓦解。在许多情况下，由于认知失调带来的痛苦，天才们可能会否认自己正在经历这种瓦解。你的工作是帮助他看清这个骗局的本质。

接下来，天才将把自己与团队的其他成员隔离开来。他的创造力会受到限制，因为他无法专注于问题。只有自我整合的天才，心灵与头脑相互融合，才能融入团队。

你应该将为天才提供整合他的心灵和头脑的工具所花费的时间看作对团队的一项投资，因为回报是能够提高天才的创造力。情绪能激励头脑，并能引导发现之路。通往突破之路的优雅首先能打动心灵。爱因斯坦本人觉得，他的方程式之美透过未知的迷雾召唤着他。

有时候，领导者没有什么可以提供帮助的。天才可能有一个棘手的问题，比如说一个患有癌症的孩子，而这是你无法解决的。在那一刻，领导者唯一能做的就是与天才站在一起，分担他的痛苦。这并没有让天才变得更容易，但却让他不那么孤独。

几年前，我手下的一个部门主管失去了一个患白血病的孩子。如果晚上或周末医院打电话找他，他所在部门的同事会替他值班，这样他待在家里的时间就能长一些。他永远感激那些同事，这使他与他的团队有了更好地融合。

当天才们遭受人生挫折时，支持他们会创造出一种难以打破的关系。在带薪病假出现之前，我大约五岁的时候，我父亲得了风湿热，有六个月没法上班。他的雇主保留了他的职位，允许他慢慢地恢复工作状态，这样他才能恢复体力。雇主的慷慨大方创造了一种长久的忠诚，他在职业生涯的剩余时间里一直为那个雇主工作。

关心天才的内心也能实现这一点。慷慨孕育忠诚，忠诚是保持稳定的团队的关键。

重要启示

- 天才用心灵思考，和他们用头脑思考一样多。

爱因斯坦的老板
Einstein's Boss:
10 Rules for Leading Genius

第十一章 规则9：让问题引诱天才

让天才从事组织需要的项目，而不是他想要从事的项目，对天才的领导者是一个巨大的挑战。任何具有天才般深度专注力的人，对开启任何新项目都需要很高的激活能量。想要让他们停下手头的工作，开始一个新项目，即使这个项目非常有趣，也需要花费很多精力。让天才去做他们不想做的事情就更难了。

天才可以有五十大理由来解释为什么他们应该做他们想做的事，而不是你想做的事。因为他们比你聪明，所以这些理由通常比你的更理性，更完整。也许从实际上来说，新项目更重要，所以你很可能是正确的，但要说服天才相信这一点十分困难。为了组织的利益，你必须能够引导团队中的天才改变方向。

作为领导者，你的工作就是通过将目标呈现为一个还不存在的解决方案或产品，让问题来引诱天才。如果天才的定义之一是让看不见的变得可见，让想象不到的成为可能，那么你的工作就是让天才相信，这个项目包含了一些看不见的、有待发现的东西。德怀特·艾森豪威尔（Dwight Eisenhower）说过："激励是一门让人们做你想让他们做的事的艺术,因为他们想这样做。"

弗莱克斯纳很有诱惑力。当班贝格和同事们第一次与弗莱克斯纳见面讨论如何支配他们的资金时,他们想为纽瓦克的一所医学院的犹太学生捐款。而弗莱克斯纳认为,纽约市已经有许多医学院接受犹太学生。于是弗莱克斯纳问他们:"你们做过梦吗?"然后,他开始概述他对IAS的畅想,于是班贝格家族就沉浸在这一愿景中。

以战略眼光为诱饵

领导者最强大的招聘工具就是用问题来引诱天才。1930年,由于纳粹的崛起,爱因斯坦断定自己在德国没有前途,他收到了来自马德里、巴黎、莱顿[①](Leiden)、牛津、土耳其、希伯来大学[②](Hebrew University)和加州理工学院的邀请。尽管世界上许多著名的机构都希望爱因斯坦来任职,但是他最终选择了弗莱克斯纳和IAS,因为弗莱克斯纳传达了他的愿景。

加州理工学院的院长罗伯特·密立根[③](Robert Millikan)多

---

① 莱顿大学是荷兰王国的第一所大学,成立于1575年,是欧洲声誉最高的综合性大学之一。莱顿大学培养出众多杰出人才,包括文学大师、诺贝尔奖得主、国家元首等。——译者注
② 希伯来大学是以色列的第一所大学,也是犹太民族的第一所大学,始创于1918年,落成于1925年,曾培养出多位诺贝尔奖得主。——译者注
③ 罗伯特·密立根(1868—1953),美国实验物理学家,主要成就为测定电子电荷量、光电效应等,获1923年诺贝尔物理学奖。——译者注

年来一直希望聘用爱因斯坦，密立根在相对较短的时间内建立了一个强大的数学和物理系。他的实验证明了爱因斯坦1905年提出的光是粒子的假设，因此获得了诺贝尔奖。当时，IAS不过是弗莱克斯纳头脑中的一个想法，一个由班贝格家族的财富支持的想法。当弗莱克斯纳拜访密立根，讨论他对IAS的想法时，爱因斯坦正是加州理工学院的客座教授。

弗莱克斯纳说，他从来没有想过要给世界上最著名的数学家提供一份工作。弗莱克斯纳和爱因斯坦都是密立根的客人，密立根也想把爱因斯坦招进加州理工学院。作为密立根的客人，如果弗莱克斯纳向爱因斯坦提出邀请，这在社交上是相当尴尬的。

爱因斯坦解决这个问题的方式是在加州理工学院迈出了第一步，首先与弗莱克斯纳联系。门一旦打开，弗莱克斯纳就顽强地抓住了机会。在他们第一次会面时，弗莱克斯纳说，他被爱因斯坦的高贵风度、"他的简单、迷人的举止和他真正的谦逊"所吸引。他们聊了一个多小时，在加州理工学院的走廊里来回踱步。在爱因斯坦被拽走之前，他已经被提醒三次他还有另一个会议。

几个月后，弗莱克斯纳在牛津大学拜访了爱因斯坦，他们用了将近一整天的时间漫步校园，谈论弗莱克斯纳对IAS的设想。在这次交流中，弗莱克斯纳给他提供了一个职位，条件是爱因斯坦想要的任何条件。爱因斯坦不置可否。

在招募爱因斯坦的过程中，弗莱克斯纳向哈佛大学的数学家乔治·伯克霍夫[①]（George Birkhoff）提供了一个职位。伯克霍夫书面接受这个职位后，在即将动身之前，他却公开宣布他将留在哈佛。他的行为对弗莱克斯纳招募其他新成员来说大大增加了难度。由于对伯克霍夫的公开拒绝感到愤怒，弗莱克斯纳坚持他对 IAS 的热情愿景，他没有报复伯克霍夫，而是集中精力招募爱因斯坦。

弗莱克斯纳前往爱因斯坦在德国的乡间居所，重申了他的邀请。这一次爱因斯坦同意把他的条件发给弗莱克斯纳。据报道，爱因斯坦告诉弗莱克斯纳，他"对这个想法着了迷"。弗莱克斯纳的努力得到了回报。他带着爱因斯坦加入 IAS 的承诺回到了美国。在大萧条开始时，他曾利用这一点提高班贝格家族日渐下滑的支持度。

弗莱克斯纳在与爱因斯坦的谈判中有两个优势。他可以提供比任何人都高的薪水，而且他为 IAS 传达了一个令人信服的愿景。密立根对爱因斯坦加入 IAS 而不是加州理工学院感到恼火。他向弗莱克斯纳抱怨说他偷走了爱因斯坦。密立根恳求弗莱克斯纳允许爱因斯坦分一半时间待在加州理工学院，因为爱因斯坦的领域在加州理工学院要发展得更好。爱因斯坦在加州理工学院可能更有创造力，但密立根也是军国主义者和民族主义者，这两个特点是爱因斯坦所憎恶的。事实上，密立根当时刚从一位纳粹同情者那里得到了一大笔捐款，因为他同意加州理工学院不得开展反德

[①] 乔治·伯克霍夫（1884—1944），美国数学家，主要研究数学分析、线性微分方程、广义黎曼问题等，先后于威斯康星大学、普林斯顿大学和哈佛大学任教。——译者注

活动。如果爱因斯坦知道这次交易，他们的关系早就破裂了。密立根没能招募到爱因斯坦，因为他没能把一个影响爱因斯坦想象力的愿景传达给爱因斯坦。

个人的诱惑

弗莱克斯纳对爱因斯坦的聘用也涉及其他微妙的方面。他理解爱因斯坦喜欢自然环境和独处。他把 IAS 描绘成一个乡村静修场所，在那里，科学家们可以在没有大城市熙熙攘攘的人群、学生和大型大学那种干扰不断的情况下进行研究。普林斯顿的村庄坐落在农田和树林之间，爱因斯坦可以在那里安静地散步。爱因斯坦喜欢航海，他可以把他的小船放在附近，这样他就可以在水上待上几个小时。

爱因斯坦经常被要求发表演讲，许多其他机构也试图把他从 IAS 挖过来，但普林斯顿成了他最觉得自在的地方。弗莱克斯纳理解爱因斯坦内心深处的渴望，那就是在没有其他人的时候，一个人待在大自然的户外。

金钱和动机

大多数公司的经营理念是，员工只要得到报酬，他们就会努力工作。这种报酬可以有多种形式，不仅仅是工资。工作保障、公司内部的额外津贴和外部地位都是补偿的形式。

虽然薪酬可以激励员工，但是工资和福利不应该被误认为是动力。动力包括更广泛的使命感，目的是要有所作为。天才选择工作既是为了获得报酬，也是为了获得动力。没有动力的薪酬会导致工作倦怠和跳槽。

如果天才觉得自己没有得到公平的报酬，那么这种感觉就会让他心烦意乱。他会觉得自己被利用了，从而感到愤怒。但是金钱并不能驱动大多数天才。尽管薪酬很少能激励天才，但当薪酬不足以让他们感到满意时，他们可能会被低薪酬分散注意力。

在工业时代，当工人们在工厂里以一种不用动脑筋的方式进行手工劳动时，金钱是一种极好的激励因素。从那以后，人们的任务发生了变化。大多数无须动脑筋的工厂工作由机器人完成。现在的大多数发现最初都只是理论上的，可能需要数年时间才能得到实际应用。

弗莱克斯纳在他的文章"无用知识的有用性"（中认识到了这种滞后。他提出，由于没有人知道哪些发现将被广泛用于公共用途，因此应该支持研究本身。

对大多数领导者来说，我们的舒适区在于薪酬。从我们的第一堂管理课程开始，我们就对领导者进行了薪酬使用方面的培训。天才的领导者需要提供足够的报酬，这样天才就不用担心金钱的问题，天才就可以把精力集中在他的项目上，而不会因为烦恼而偏离轨道。

让薪酬不再成为干扰因素的一种方法是，支付给天才的薪酬要高于他们认为自己应得的价值。爱因斯坦要求的薪水比弗莱克斯纳打算支付的要低。在与爱因斯坦的最后一次招聘会议上，弗莱克斯纳不得不说服爱因斯坦接受更多的薪水。弗莱克斯纳没有高高兴兴地和爱因斯坦签约，让他拿较低的薪水，留下差额，而是坚持说爱因斯坦应该挣更多的钱，因为他不想让爱因斯坦以后对自己的薪水不满意。

发现的诱人快乐

许多天才的领导者知道，他们不能强迫天才改变方向，所以他们使用"助推"的方法。"助推"指的是在不阻止其他选择的情况下，朝着目标行为的微小推动。"助推"依赖于吸引我们所有人的基本欲望。虽然我们大多数人都能被满足这些欲望所吸引，但天才往往会有不同的欲望。

我的一位部门主管最近向我抱怨说，他以前用的那些助推手段根本不管用。他使用的助推技巧对自己有用，但对为他工作的天才们没有吸引力。

对天才来说，发现的喜悦是一种压倒一切的渴望。当研究人员第一次意识到他们所发现的东西的重要性时，他们会感到兴奋，这种兴奋让他们大吃一惊，让他们无法呼吸。他们十分感激，好像他们不配发现这些东西一样。他们感到不知所措，同时又所向披靡。一旦天才体验到这种快乐，他们就会用余生去追逐它。发现是他们工作中最有价值的部分。

据报道，牛顿在临终前曾说："对我自己来说，我就像一个在海边玩耍的男孩，不时地在其中寻找一块更光滑的卵石或更漂亮的贝壳来消遣，而在我面前伟大的真理海洋却从未被发现。"

我实验室的一位年轻科学家花了三年的时间试图查明一种酶是如何工作的，但没有取得任何进展。一天，她用共聚焦显微镜找到了答案。"当我第一次看到'核变化'时，我脖子后面的汗毛都竖起来了，"她说，"那是一种我永远不会忘记的感觉。"

1981年获得诺贝尔物理学奖后，阿瑟·肖洛[1]（Arthur Schawlow）在一次采访中被问到，天才和聪明人之间的区别是什么。"充满热情的劳作是很重要的，"他说，"最成功的科学家往往不是最有才华的。但他们是受好奇心驱使的人。他们必须知道答案是什么。"

"我没有什么特别的才能。我只是非常好奇。"爱因斯坦说。

学前艺术培养与工作中的天才一样

20世纪70年代，一项标志性的心理学实验对学龄前儿童画画进行了研究，以探索发现的重要性。孩子们被分成三组。其中

---

[1] 阿瑟·肖洛（1921—1999），美国物理学家，主要从事对激光的研究，1981年获诺贝尔物理学奖。——译者注

一组被告知，如果他们画得好，就会得到一条蓝丝带。另一组被告知他们什么也不会得到。但实际上，孩子们如果画得很好，就会意外地得到一根大大的红丝带。最后一组被告知他们什么也得不到。即使他们画得好也不会给奖励。

两周后，被告知不会收到任何奖励的两组孩子继续创造性地、热情地画画。蓝丝带小组的孩子们对画画失去了兴趣，几乎没有什么成果。外在动机破坏了他们创造的兴趣。画画成了一项工作，而且很无聊。

如果发现的内在乐趣能够最大化驱动生产力，那么你必须学会为团队中的天才增加发现的乐趣的机会。

你必须强调解决方案的意义。 和天才讨论，解决这个问题对他们周围的世界意味着什么。不要引导他们解决这个问题。相反，描述问题的难度和解决方案的目的。

当我询问来自全国各地的 491 位医学院系主任，他们最想从他们的领导者那里得到什么时，最常见的答案是战略前景。他们想知道这个组织的发展方向，以及为什么要朝着这个方向发展。提出一个战略愿景不仅仅是提供一个方向，愿景必须为这个方向提供一个目标。这些系主任最不关心的技能是财务敏锐度。

你需要庆祝发现。 每年，我们都会对部门的一名初级和高级实验室研究员进行表彰。我们会颁发现金和奖牌，但庆祝活动最重要的部分是他们会讲述自己的发现。目的在于让发现成为一个值得团队纪念的事件。

爱因斯坦到达 IAS 后不久，他参加了一个研究生讲座，在讲座中，学生描述了几个简单的实验室实验，证明了爱因斯坦的 $E=mc^2$ 方程。普林斯顿大学教授 A.E. 康登（A. E. Condon）写道："爱因斯坦如此专注于其他研究，以至于他没有意识到，对他早期理论的这种证实，已经成为物理实验室里的日常事务。"爱因斯坦像个小男孩一样咧嘴一笑，反复地问："这是真的吗？"看到他的理论成为现实，他的笑容来自一种压倒一切的喜悦。

无法改变的天才

有些天才会抵制任何改变，即使是面对令人信服的发现愿景。我发现那些抗拒改变的天才可以分为三类：愤世嫉俗者、恐惧者和正义者。

愤世嫉俗者对所有新创企业的成功都持悲观态度，因为他们担心失去熟悉的安全感。他们自豪地指出计划中所有错误的假设和陷阱，这给了他们存在的理由。他们从别人的失败中获得快乐，尤其是当他们之前就预测到失败时。因为他们预测一切都会失败，所以有时他们会预测正确，当这种情况发生时，他们是胜利的。失败是对他们预言能力的验证，即使失败源于他们自己的不作为。

愤世嫉俗者可能在过去有过惊人的失败，或者被竞争对手打败过。失败可能来源于个人生活或职业生涯，可能是一段失败的关系，也可能是被开除领导职务。这位天才可能已经竭尽全力去发现一种新的超导陶瓷，结果却被另一群人抢先发现了。在这场比赛中，只有胜利者才算数，当他付出了他所拥有的一切时，却只能成为第二名，这给了他相信任何困难的任务都会失败的理由。

对付愤世嫉俗者的方法是利用柔道，利用他们的预言方向来对付他们。让愤世嫉俗者列出新项目的所有问题。当他的动力达到顶峰时，感谢他确认了工作的起点。因为愤世嫉俗者比任何人都更能看清问题所在，所以请他带领团队找出解决这些问题的办法。让他将问题识别转化为问题解决。当愤世嫉俗者解决了第一个问题时，让他谈谈这有多难。确认这是一个巨大的问题，并公开感谢他首先发现了这个问题。

另一种无法改变的性格类型是恐惧者，他们宁愿继续做他们正在做的事情，因为他们担心失去归属感。他们害怕失败会导致团队的分裂，而团队满足了他们归属感这一重要需求。他们不希望团队改变方向，因为他们担心这会让他们落后。

恐惧者很可能具有被动攻击性，避免任何公开的抵抗。他们可能会对任何执行任务的请求说"是"，但永远不会完成它。这种性格类型很难识别，因为恐惧者往往躲在别人背后。

恐惧者可能会怀疑自己完成工作的能力。由于工作和团队剥夺了他们相当多的自尊，他们觉得失败会暴露出他们是骗子，并导致他们被团队开除。无论如何保证他们仍将是小组的一员，也不能使他们改变工作方向。

弗莱克斯纳本人就是一个恐惧者的例子。当普林斯顿大学向诺贝尔物理学奖得主埃尔温·薛定谔（Erwin Schrodinger）提供一份工作时，他拒绝了，因为他真的很想到 IAS 与爱因斯坦合作。弗莱克斯纳非常担心普林斯顿大学会因为 IAS 从他们那里抢走一个候选人而感到不快，所以他拒绝了薛定谔，错过了让这两位物理学巨匠共事的机会。最后这两个地方薛定谔都没有去。在纳粹入侵之前，他回到了奥地利，这是能想象到的最糟糕的举动之一。

处理恐惧者的人格类型的方法是缩小任务范围。只给他知道他能处理的任务。这意味着将项目分割成小任务，这样恐惧者甚至可以在动工之前就看到最终的结果。整个项目应该以增量的形式呈现，恐惧者比其他类型的天才更需要帮助来想象成功。

与你和你的团队保持稳定而充实的关系有助于为这类天才提供一个安全的工作环境。这意味着社交聚会应该是有规律的，互动应该包括讨论家庭和爱好。

正义者是最难对付的，因为他们相信其他人都是白痴。让这种类型的人更加复杂的是，他们通常是正确的。他们比房间里的任何人都聪明。他们害怕失败会改变他们对自己的看法，这种自尊的丧失在心理上是不可接受的。

对失败的恐惧让他们变得傲慢和死板。如果他们相信自己不会做错事，他们就不会接受教导。如果目标是其他人的，他们就很难做出改变。

回顾正义者的过去，你可能会发现一个巨大的胜利。他可能就是击败愤世嫉俗者的那种科学家，但却无法复制那种成功。他一生都躺在那一次胜利的功劳簿上。正义者会强化那个伟大的时刻，把过去的胜利带到当下。

为了打动正义者，你需要把项目作为一个需要他给出意见的问题来介绍，让他推测可能的方法。当他提到公司为你的团队布置的具体项目时，不要显得太急切。随意地提到这种方法，说："嗯，这可能行得通，但前提是你在其中扮演一个重要角色。"你会利用他对于正确的心理需要，把他拉到你需要的地方。

正义者也会对稀缺和竞争做出反应。如果你能把这个问题描述成一场比赛，那么他们对正确的需求就能转化为对第一的需求。我只能通过告诉一位年轻的女科学家某件事是不可能的，从而激励她去做这件事。她会和我争论一个小时，然后用一个月狂热的工作来证明我错了，这时我会很乐意承认我是错的。

吸引心灵

如果天才感到被迫改变方向，他们的创造力将受到限制。在他们的脑海中有一些地方是他们不能到达的。如果他们从内而外被说服，而不是从外而内强迫变革，他们就不可能具有同样的创新性。你的目标是俘获天才的心。说服在本质上不能是外在的和物质的，因为说服天才的尝试很少奏效。让新项目更具吸引力，并让天才们发现自己的新方向，这要有效得多。

理查德·费曼说："我生来无知，也只有一点时间来改变这种状况。"

改变天才的方向是一个流动的、动态的过程，需要技巧和谨慎。过多和过少之间的平衡空间相当微小。这就是为什么尝试许多小的诱惑效果更好。小的诱惑更容易校准并得到正确效果。这需要大量的积极倾听才能做到正确。

这种诱惑是渐进的。你可能需要三思而后行，因为天才可能在表明准备改变之前已经先把决断做了。

天才们以坚忍的精神投入一个项目中，即便项目并没有效果。

图 11.1 发现解决方案是激发天才的动力，而不是将解决方案投入商业市场中。见图 11.1。改变天才专注领域的障碍包括愤世嫉俗、自以为是和恐惧。拥有一个或所有这些特征会使天才抗拒改变。天才的领导者可以通过使用公开的或潜意识的方法，把他们的注意力转移到更有效率的任务上面。公开的方法包括帮助天才将项目的目标形象化，并赋予他对项目的所有权。如果你与天才有很深厚的私人关系，他可能会因为你的要求而改变他的专注领域。如果你在他的个人努力中帮助过他，他就可能会在一个新项目中为了报答而帮助你。最后，把新项目的权力移交给天才可能会让他承担项目的责任，因为你们互相信任。

一旦你抓住了天才的兴趣，在你观察到他参与解决问题的外

图 11.1

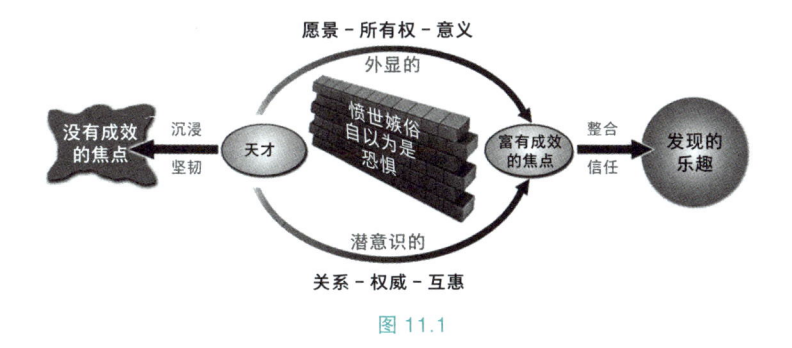

在迹象之前,他的大脑就已经在工作了。看起来他好像还在做以前的那个项目,但他已经在脑子里反复考虑新问题了。天才改变方向的回报是发现的喜悦。这一发现必须有意地被标记和庆祝,以便他将奖励与方向的改变联系起来。

要改变天才的心灵,你必须了解并爱上这个人本身。如果你不关心他,你就不会敏感到用这个问题来引诱他。

"为什么我们不能只是作为专业人士,做我们被付薪水的那些事情呢?"我的一位前同事曾经说。大多数员工都能做到,但天才不能。天才工作的原因各不相同。如果你不明白这些原因,你团队中的天才就会一事无成,或者离你而去。

你可以记住这一章的工具,但是如果你不关心天才的个人成就,你将无法改变他的方向。当天才想要一段牢固关系时,你却在描述一个愿景。当你应该慷慨大方时,你却有所保留。

天才必须跳下悬崖,全身心投入项目中,以确保他们以最大努力和最大限度地发挥他们的创造力。只有当他们相信项目的目标时，他们才会这样做。给天才一个目标，然后再给他们分配任务。

> **重要启示**
>
> - 在一个新项目中，天才的第一个发现应该是项目本身。

爱因斯坦的老板
Einstein's Boss:
10 Rules for Leading Genius

第十二章 规则10：与危机和解

领导天才意味着危机会经常发生。早期，弗莱克斯纳以冷静的毅力应对危机，这给他的教员和精神紧绷的班贝格家族带来了信心。当判定某个天才例如威尔，非常适合 IAS 时，即使天才最初拒绝了他，弗莱克斯纳也不会感到沮丧。招募爱因斯坦也颇费工夫，他想同时在 IAS 和加州理工学院就职。对 IAS 来说，与其他机构共同聘用爱因斯坦所产生的影响远没有这么大。

当他们讨论这个选择时，弗莱克斯纳给爱因斯坦的信中流露出的却是冷静和理性。弗莱克斯纳最终说服爱因斯坦全职加入 IAS，并承诺他可以帮助决定 IAS 未来将聘用哪些教员。弗莱克斯纳平静的自信吸引了爱因斯坦，正如他对 IAS 的设想一样。

当哈佛大学数学家乔治·伯克霍夫拒绝了他们的协议时，弗莱克斯纳在班贝格家族和 IAS 董事会的其他成员面前表现平静。他没有报复伯克霍夫，而是集中精力招募爱因斯坦，最终他的努力得到了回报。

爱因斯坦加入 IAS 后不久，他回到欧洲，在牛津和巴黎举办了一系列夏季讲座。当爱因斯坦离开德国前往 IAS 的计划被公布时，纳粹没收了他的房子和存有 3 万马克的银行账户，他们甚至拿走了他心爱的小提琴。他们将爱因斯坦从巴伐利亚科学院（Bavarian Academy of Science）开除，当纳粹青年在歌剧院前焚烧由犹太书籍堆成的大山时，爱因斯坦的作品就在其中。

对爱因斯坦的迫害使他作为反抗纳粹的象征而闻名于世。有传言称，极端的德国民族主义团体费姆[①]（Fehme）向任何能够杀死爱因斯坦的人提供了相当于 5000 美元的奖金。在牛津大学演讲时，爱因斯坦住的地方离在附近度假的一大群纳粹分子只有 16 公里。

弗莱克斯纳十分担心爱因斯坦的安全，甚至感到焦虑。包括弗莱克斯纳在内的许多朋友都敦促爱因斯坦返回美国。爱因斯坦拒绝了，他说："在这个犹太人和自由主义者受到可怕威胁的时代，一个人在道德上有义务承担他在正常时代会避免的事情。"

尽管在这段时间内内心混乱，弗莱克斯纳仍然保持着一种超自然的平静。他的冷静给了 IAS 在其初期成长所需要的空间。在 IAS 就职的后期，弗莱克斯纳在逆境中变得易怒和愤怒。他攻击任何反对他的人，并试图胁迫 IAS 的教职员工和董事会支持他的决定，却从来不要求他们提供意见。

起初，IAS 的大部分教员都非常支持弗莱克斯纳。但后期

[①] 费姆，一个纳粹秘密组织，目的是找出并处决那些被认为是国家社会主义敌人的人。——译者注

他们对抗他的领导，并要求董事会解雇他。弗莱克斯纳似乎对普林斯顿大学的反犹太主义持宽容态度，并且他在薪资问题上没有做到诚实和公平，基于这两件事情，他的老师们开始反对他。爱因斯坦认为，对反犹太主义的宽容尤其令人反感，因为他曾帮助犹太人逃离希特勒的欧洲。另一些人则认为，弗莱克斯纳在教师工资问题上的不诚实和不公平是问题所在。甚至是爱德华·厄尔——他当初患结核病时，弗莱克斯纳仍然为他保留职位，但这个人最终也转向反对弗莱克斯纳。他给两名董事会成员写了一封信，请求他们支持弗莱克斯纳辞职。

IAS董事会紧急召开会议，审议IAS的科学家们对弗莱克斯纳领导的反抗。弗莱克斯纳在董事会中有几个支持者，他们设法推迟了要弗莱克斯纳辞职的事务。当董事会审查IAS的财务状况时，他们发现账务一片混乱。弗莱克斯纳的投入过多，以至于没有足够的资金支付运营费用。

弗莱克斯纳没有很好地处理好教师的反抗和账务危机，他也拒绝承担任何责任。他因自己的领导能力受到质疑感到愤怒。他的回应是向IAS董事会施压，要求重申他的权威。他建议董事会以捐赠基金为依托，为他造成的IAS运营赤字提供资金。在漫长而痛苦的董事会会议之后，他仍旧无法获得董事会大多数成员的支持。

1939年10月29日，IAS董事会接受了弗莱克斯纳的被迫辞职。《纽约时报》以耸人听闻的细节报道了他被解雇的消息，称他被解雇的主要原因是与 IAS 的天才们之间的冲突。

最后，弗莱克斯纳成了一位悲剧的天才领袖。在建立 IAS 方面，他取得了超出任何人想象的成功，但当他忘记了自己成功的原因时，他以骇人的速度倒台了。如果他都有可能失败，那么任何领导者都可能失败。

创新的压力

技术创新总是充满压力的，因为当人们已经习惯于过去的生活方式时，创新迫使人们适应新的事物。新技术迫使他们承认，他们过去做事的方式没有现在这么好，这几乎是对个人能力不足的控诉。这一点在依靠天才取得进步的组织内部是成立的。

"伟大的心灵总是会遭到平庸之人的激烈反对。当一个人不是不加思索地屈从于遗传偏见，而是诚实而勇敢地运用他的智慧时，平庸之人无法理解这一点。"爱因斯坦说。

既然在领导天才时危机是常态，那么最终的规则就是与危机和解。除非你能在危机中正常工作，否则你会做出错误的决定，这会伤害到团队中的天才。你也会把每一次危机的压力转移到天才身上，这会摧毁他们的创造力，导致他们担心的是危机而不是项目。

你需要表现出冷静，即使你觉得所面临的情况已经超出了自己的控制范围。当我作为一名在 ICU 接受培训的年轻医生，第一次遇到病人心脏骤停时，迈克·威尔士（Mike Welsh）医生说，"深呼吸。三思而后行。在第一个神经元死亡之前，你还有 240 秒的时间。"

你是否曾经坐在一个地方看了 240 秒的时钟？你甚至无法集中精力在时钟上，因为这段时间如此漫长。如果没有紧急情况，你就会感到无聊，你的思维就会走神。如果你在心脏骤停时都有这么多的时间做出决定，那么你就不应该在商业危机时强迫自己快速做出决定。

危机会让你盲目

仓促的决定意味着错误的决定是可以接受的，因为你压力很大。做决定所花费的时间成为主要目标，而不是决定的结果。仓促的决定是自私的，因为你在压力下加快了决策速度以克服压力。而冷静让你拒绝紧急事件的催促，并拓宽你的选择。

危机蒙蔽了你，因为你的注意力集中在定时炸弹上。你无法停止思考炸弹爆炸时会发生什么。当你应该集中精力拆除炸弹时，你却开始计划如何捡起所有被炸飞的身体部位。危机会让你更多地关注它可能对你的职业生涯造成的损害，而不是危机可能对项目或团队造成的危害。如果你发现自己在担心当危机压倒一切时会发生什么，那么你就再也无法做出理性的判断了。拆弹小组的英雄是那些即使在爆炸发生时仍在努力拆除炸弹的人。他们把注意力完全集中在任务上，从不考虑对自己造成的后果。

在危机面前保持冷静，规则才会有效。如果你能在一场威胁到工作的危机面前保持冷静，你将表现出你的内在原则，这将帮助你的团队渡过难关。这种内心的平静定义了性格的力量，这种力量来自知道你所领导的过程是有效的。没有内心的平静，危机就会压倒你的决定。

镜像神经元

丹尼尔·戈尔曼（Daniel Goleman）写道："追随者是领导者的镜子——这一点也不夸张。"你的团队是衡量你作为一个领导者表现如何的最佳标准。他们会无意识地模仿他们所看到的。这个概念是有神经学基础的，你通过亲身实践来创造团队文化。我们的大脑中都有分布在额叶皮层，被称为镜像神经元的细胞，而我们的大部分行为都是在额叶皮层组织起来的。当你做某件事，并且看到别人做同样的事时，这些镜像神经元就会被激活。

加州大学洛杉矶分校的神经学家马可·亚科博尼（Marco Iacoboni）提出，这些神经元帮助我们从他人当前的行为中辨别他们的意图。他说这些神经元是个体间移情理解的基础。例如，他展示了镜像神经元可以区分一个人是拿起茶杯喝水还是把茶杯从桌子上拿开。

当一个人跟你说话时，如果他的语调或肢体语言的变化都表现出悲伤，那么不管这些话本身是否悲伤，我们都倾向于感到悲伤。我们下意识地察觉到别人说话背后的情绪和意图，我们的镜像神经元也会复制同样的情绪。这就是为什么情商对领导者如此重要。你可以毁掉你的信息，也可以通过你传递信息的方式来强化它。

冷静创造空间

也许保持冷静的主要原因是给自己几分钟的时间权衡哪条规则适用，然后实施那条规则。在危机中，在评估哪条规则适用于情况之前，很容易根据本能的情绪做出反应。冷静可以防止冲动的操控，而冲动往往会导致草率的决策。冷静可以防止麻痹，而麻痹来自被可能出错的后果催眠。冷静能给你的团队创造运转的空间。

在 20 世纪 60 年代，冷战最激烈时，苏联试验了一种新型洲际导弹，这种导弹可以将核弹头发射到比以前远得多的美国城市。一群弹道导弹专家被秘密召集起来，并被告知在他们弄清楚如何探测到这种新型苏联导弹之前无法出去。这群人感到压力很大，工作也一片混乱，因为他们彼此几乎不认识，并且他们感觉到了形势的紧迫性。

"我们甚至不想吃饭或睡觉。"其中一名导弹工程师告诉我。这个团队的领导者知道，这些工程师潜在的恐慌会损害他们的创造力。

这个团队的领导者首先让他们互相了解，聊聊关于家庭和教育的事情。然后他让他们退后一步，把这个问题从苏联与美国核战争的背景中移除。光是想想这个问题的后果就太沉重了。领导者把它变成了一个航空工程问题。他以前是一所大学的教授，他把该问题用理论表达出来，将方程式写在一块旧黑板上。

通过建立联系，并让导弹工程师置身于一个他们熟悉的环境中——在教室里接受教授的测验——他创造出了冷静的氛围，给了工程师们智力和情感上的喘息空间。几周后，科学家们找到了探测这些导弹的方法，以及如何拦截它们。

冷静让你作为一个领导者创造自己的环境，它允许你设置处理危机和解决问题的流程。冷静表明你相信自己。不仅仅是相信，你知道你价值观的影响比暴风雨的咆哮更有分量。

冷静能建立信任

重要的是，危机不会改变你。如果外部压力能让你改变自己的价值观，那么你就会失去团队的信任，这会削弱他们的努力和热情。在危机中坚持这些规则可以建立信任，因为你是可以预测的。你所领导的天才不需要浪费时间去猜测你下一步会做什么，或者你会怎么做。她或他知道无论发生什么，你都会以正确的理由做正确的事情。团队的生存离不开信任。

如果团队不相信你说的话，他们会认为美化事实符合团队的标准。结果将被捏造，数据将被曲解。反过来，你会开始不信任你的团队所说的话。那些最初看起来非常具有创新性的项目，在第一次真正的测试中就会崩溃，因为项目建立的基础上充满了小谎言。

这就是所谓的将发现的错误扩大化。如果你作为团队的领导者能够容忍那些微小的、几乎无法察觉的错误和谎言，那么随着项目的进展，这些小裂缝的重要性会放大，这些缺陷在被施加巨大外力时会裂开。当这些缺陷最终破裂时，项目已经进行了很长时间，而破裂会造成更多的破坏。这就导致了将错误放大的第二个特征。

碰撞越激烈，团队成员相互指责就越多。破裂的代价指向了一个问题，那就是这是谁的错。随着距离发生原始缺陷的节点增加，故障成本呈指数级增长。分担责任的需要也随着失败的代价而扩大。面对失败时保持冷静，可以防止错误的扩大，甚至在错误开始之前就需要承担责任。

冷静能提高创造力

1989 年，美国联合航空公司（United Airlines）232 号航班的中置发动机发生爆炸，切断了通往襟翼和尾舵的所有液压管路。没有其他方法来驾驶飞机。本次飞行的机长阿尔·海恩斯（Al Haines）快速地扫描了飞行员手册，但里面没有任何能解决此次情况的东西。

仅仅几分钟后,他们就熄火并呈螺旋形轨迹降落。飞行记录仪显示,海恩斯和副驾驶保持着冷静,甚至还开玩笑说他们着陆时要一起喝杯啤酒。

在平静的呼吸间隙,海恩斯想出了一个绝妙的主意。他唯一能控制的就是剩下的两个引擎的油门。通过一边加速,另一边减速,差异化的推力慢慢地使飞机转移方向,在苏城(Sioux City)紧急着陆。他们从跑道上侧身滑进一片玉米地。尽管282名乘客中有111人死于随后发生的火灾,但有人幸存下来的事实,被认为是一个团队以冷静和创造力应对危机的最好例子之一。

"保持镇定是我们最难做到的事情之一。我们知道,我们必须集中精力,直线思考。"海恩斯说。

对剩余引擎进行推力调节现在是驾驶非正常运转的飞机的标准技术,但当海恩斯需要它时,它还没有出现。他在那一刻发明了它,就在那一刻。

海恩斯说,他不知道调节引擎推力使飞机转弯的概念来自哪里,"我不是天才,但面临这样的危机肯定能让头脑变得敏锐。"

数到240

在危机中保持冷静可以防止你做出与你希望团队遵循的规则不一致的决定。冷静能增强团队的信心和创造力。

当外在的压力转化为内在的成功压力时,你在自我保护的基础上做出决定的可能性就会增加。你无法控制压力荷尔蒙皮质醇和肾上腺素迫使你的大脑进行自我保护。

在危机中保持冷静的关键是要认识到危机是一种常态。当有压力时,我们通常会匆忙做出决定,因为情况让人很不舒服。作为一种疼痛回避机制,我们想尽快摆脱压力。当你意识到外部压力是破坏性天才的正常状态时,你会发现更容易与混乱和平相处。你应该设置一个内部浮标,根据你自己的内部压力进行升降。压力有已知的生物信号,比如声音变大,血液涌向头部,或者反胃恶心。

当你感觉内在的浮标升起时,你需要退后一步,让你的大脑保持清醒。永远不要在生物浮标高企时做决定。你这样做是为了自我保护,而不是为了项目的最终利益。

我有几个久经考验的技巧,当我感到不堪重负,开始打破自己的规则时,我会使用它们。压力荷尔蒙的进化让我们能够逃跑或战斗。荷尔蒙增加心跳和呼吸的频率。血液从大脑流向肌肉,这也是我们在压力下做出错误决定的另一个原因。

当我感到压力时,我做的第一件事就是体育运动,它利用了逃跑或战斗反应产生的应急能量。我会在外面走几分钟。我在办公室里做过俯卧撑。当我第一次这么做时,我的助理们还以为我疯了。

接下来要做的就是吃健康的零食。虽然大脑靠葡萄糖运转,但当胰腺分泌胰岛素时，纯糖零食会导致血糖先升高再降低。如果你想避免血糖降低，你需要一种含有更复杂的碳水化合物或蛋白质的零食。

对于长期的内部压力，有一个可以发泄的导师可以让你恢复平静。导师可以通过正确看待这场危机，帮助人们消除末日逼近的感觉。

爱好也有助于缓解内部压力。纽约州立大学石溪分校（SUNY Stony Brook）副校长肯·考辛斯基（Ken Kaushansky）比我认识的任何人都更努力地工作，他喜欢火车模型。有一年，我们全家应邀去他家过感恩节。他向我展示了他正在制作的新型火车模型，整整三个车位的车库都是极其精细的微型山脉、人物和城镇。

当我问他为什么要建造这么大的火车站台时，他说："那是压力很大的一年，我喜欢火车模型，它让我有几个小时不用去想工作。"

做一些你喜欢的事情可以让你的大脑得到休息。它可以分散你的注意力，让你的大脑平静下来。就像在体育锻炼之间休息可以让你的肌肉恢复一样，休息一下可以让你的注意力恢复，让生活变得有意义。凯德博士喜欢修复斯蒂庞克[①]（Studebaker）的古董车。保罗·奥库涅夫（Paul Okunieff）是佛罗里达大学放射肿瘤学主席，他创办了多家生物技术公司。他喜欢沿着佛罗里达海岸

[①] 斯蒂庞克，美国汽车制造商。该公司由德国移民创建于1852年，1966年倒闭，如今已成为汽车爱好者趋之若鹜的老爷车。——译者注

在红树林沼泽中划独木舟。

如果你试图挑战技术极限，那么你总会感到外部压力。会有竞争对手想要抢在你之前进入市场，会有反对变革的勒德分子①（Luddites），会有窃取你团队想法的海盗，也会有囤积资源的巨型恶魔。如果你取得了重大进展，他们都会攻击你，试图夺走你的成功。

自我领导

在面对危机时保持冷静是一项能够学习的技能。每个人在面对危机时都会出现肾上腺素的激增，表现出战斗或逃跑的趋势。保持冷静的关键是首先把自己锚定在规则所体现的内在价值观上。这是防御来自领导天才的压力冲击的最好办法。此外，如果你为团队做出冷静的表率，他们会通过镜像神经元来模仿。

我们生活在一个注重结果的社会，我们经常通过量化你能让多少人听从你的指示来衡量领导力。相反，领导天才首先要让自己根植于规则背后的价值观。你对这些价值观的信念应该是如此的坚定，无论付出多大的代价，你都会以某种方式行动。

所有规则都是基于每个人都应该相信的组织价值，伟大的天才领袖衡量成功，更多地是通过坚持这些价值观，而不是他们自

---

① 勒德分子的说法产生于19世纪英国工业革命时期，原指因为机器代替人力而失业的技术工人。现在引申为持有反机械化以及反自动化观点的人。——译者注

己的职业发展。

IBM 创始人托马斯·沃森（Thomas Watson）写道："没有什么比一个人日复一日地领导自己更能决定性地证明他领导他人的能力了。"

价值观锚定规则

领导你自己从规则 1 开始，了解你真正是谁。除非你不断地自我评估，否则直到危机来临，你才会知道自己的弱点在哪里。你可以通过避免冲突的类型判断你缺少哪些领导能力。冲突通常集中在对特定价值观的违反上。

你需要把自己定位在你认为比工作更重要的价值观上。即使你不相信这些原则，它们也是真的。如果你把这些原则看得比工作更重要，那么在危机期间，你就会坚持遵守这些规则。

我们中的许多人自欺欺人地认为我们有一种领导哲学，但当危机袭来，当我们为自己的行为找借口时，我们妥协了。我们真正相信的价值观不是我们所拥护的价值观，而是我们在危机中所坚持的价值观。

如果没有这些内在价值观，这些规则将在危机期间瓦解。反之亦然。你可以说你相信这些价值观，但如果你在危机期间不执行这些规则，你就是在欺骗自己。在压力下执行这些规则，表明你相信这些规则背后的价值。如果这些价值观是你性格的一部分，那么执行规则就会变得更容易，压力也不会改变你的行为。

记住，你无法拥有单独的价值观。它们相互依赖而得以生存。如果你不重视完整性，那么你将很难实现规则 1。诚实是内部和外部，在私人和公共场合都拥有同样的表现。如果你欺骗自己，你就会在不知不觉中欺骗别人。现实是多变的，你可以在任何你需要的时候调整它。如果你对自己诚实，你就会在与他人的关系中保持诚实。

如果你能看到真实的自己，规则 2 所要求的无私就会变得更容易。你知道自己的局限性，你也知道攥紧权力会降低团队的生产力。掌控一切的需求以及成为每一个决定核心的念头都是自私的。你自私地靠囤积力量建立自尊。如果你的自尊不是建立在你拥有权力的能力之上，而是建立在你能够自我纠正的能力之上，那么你就可以无私地下放权力。

如果你是无私的，那么你很容易变得谦虚，因为天才的成功比你自己的进步更重要。在规则 3 中，谦逊是倾听团队意见的关键，因为天才说的话比你说的话更重要。

诚实、无私和谦逊直接导致透明，这是规则 4 背后的价值所在。在做决定之前，你会提供数据并考虑天才的观点，因为你知道外界的意见会让决策更合理。你将对你的决定负责，客观地回顾过去的每一个决定，以便改进。如果你对自己缺乏诚信，你就会自然地隐藏信息，秘密地做出决定。

透明度带来智慧，也就是规则 5 背后的价值，因为你通过考虑整个团队的观点学习每一个决策。每一个决定都变成了一个学习的机会，你和团队一起回顾每一个决定的次数越多，你积累的智慧就越多。

当你积累智慧时，你会意识到创新可能来自意想不到的地方。如果你是公平的，那么每个人都有平等的成功机会，这是取得突破性进展的关键。智慧使你能够克服限制团队生产力的偏见。如果没有公平，也就是规则6背后的价值，你的团队将会固守过去。

智慧引导你找到规则7背后的价值——谨慎。谨慎意味着你明智地选择采取哪种行动。谨慎要求你不要想到什么就说，也不要想到什么就做。有些言行是有害的，需要隐藏起来。

无私、谦逊和公平让你明白了规则8背后的价值，那就是关心你的团队。关心意味着当他们受伤时你也会难过，当他们高兴时你也会高兴。

你会认为每个团队成员都是有价值的，因为每个人都可以提供独特的观点和创造性的解决方案。你会考虑下属的观点，因为每个人都可能有独特的天赋。公平和谦逊让你更容易建立非线性、扁平化、层级化的团队。

关爱直接导致了规则9背后的价值——尊重。如果领导者不尊重他们所领导的天才，在新任务上，他们就会强迫天才工作。这些领导者不会试图用新项目来吸引天才。他们会认为这是浪费时间，反而会做出具体的指示。他们的目标不是提高天才的创造力，而是强制他人服从。

要把天才吸引到一个新项目中来，你需要慷慨地投入时间和精力。如果没有尊重和无私，就不可能实施规则 9，即把天才引向新的方向，而不是推动他转向新的方向。最后一条规则，如果没有勇气，那么就不可能在危机中保持冷静。勇气不仅是在危急时刻保护团队，而且是即使付出代价也要坚持自己的价值观。这种对价值观的坚守不是一个受欢迎的立场，但它对领导天才至关重要。天才会看穿你为适应形势而扭曲价值观的企图。见图 12.1。

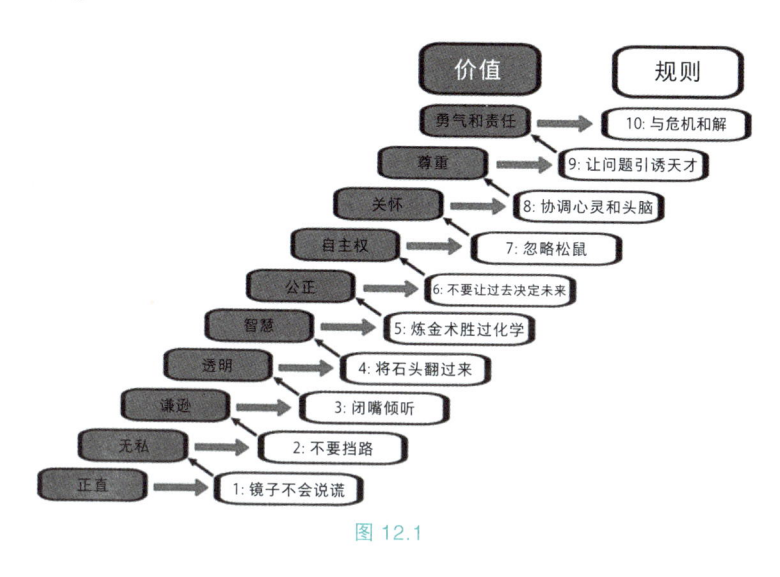

价值	规则
勇气和责任	10: 与危机和解
尊重	9: 让问题引诱天才
关怀	8: 协调心灵和头脑
自主权	7: 忽略松鼠
公正	6: 不要让过去决定未来
智慧	5: 炼金术胜过化学
透明	4: 将石头翻过来
谦逊	3: 闭嘴倾听
无私	2: 不要挡路
正直	1: 镜子不会说谎

图 12.1

只有把这些价值观刻在你的性格中，你才能在危机时刻运用这些规则。这些价值观锚定了规则。没有它们，当执行规则的代价很高时，你就无法执行这些规则。如果你能在自己的职业有风险时实施这些规则，你就证明了你所领导的天才的成功比你个人的成功更重要。到那时，天才就可以不再担心成功，而是开始发现。

重要启示

- 在危机的风暴中，首先要让自己坚持自己的价值观。

后　记
在别人身上看到你自己

　　让我建议一种整合规则背后所有价值观的单一道德准则，这应该是应用这些规则的唯一最重要的动机。这些规则背后的一个基本道德准则是同理心——你在别人身上认识到自己。

　　你希望天才找到发现的快乐，因为你想分享这种快乐。你分担他们的痛苦，因为你也想分享他们的希望和梦想。虽然你不能理解天才的思维过程，但你能理解他的快乐。

　　如果没有同理心，没有给你的团队平等的价值，你将拒绝为你的行为负责。你会为你所造成的伤害辩护，因为你会认为没有人比你更有价值。你开始相信团队存在是因为有你。

　　当你不能从别人身上看到自己时，你就落入了一个阴险的陷阱。你会根据你的意图来判断自己，而不是你实际做了什么。但你会根据别人的行为而不是意图来判断他们。你用你打算做什么衡量你的德行，你用别人的行为判断他们的德行。

我们如何评价自己和评价他人之间的这种脱节可能导致相互不信任。这使得每个人都容易高估自己的美德，低估他人的价值，尤其是在危机状况中。我知道我会原谅自己的小缺点，这些缺点通常会让我在某种程度上看起来更好，但我对别人的一点点小差错都毫不留情。

尽管我们只希望拥有对自己有利的价值观，并会在危机时刻抛弃它们，但当我们需要付出代价维护它们时，我们坚持要求其他人无论如何都要坚持这些价值观。当我们妥协时，我们会觉得踌躇犹豫是理所当然的，这在我们和他人之间创造了不同的心理解释。

除非你能感受到别人的伤害或快乐，否则你不可能变得无私和谦逊。作为领导者，你的效率会降低。你可能不明白天才的头脑是如何工作的，但你可以洞察她或他的内心。如果你能一瞥你所领导的人的内心世界，就更容易决定对天才来说什么是最好的。你会成为天才团队的一员，而不是让天才成为你的延伸。

与团队中的天才共享喜悦和痛苦意味着你理解了应该执行这些规则的原因。你想让天才们达到革命性的突破，这样他们就能体验到发现的乐趣。你将分享快乐，而你最大的回报就是天才的成功。通过感受到拥有卓越发现的天才的喜悦，你自己也会在短时间内成为天才。

致　谢

本书是 20 多年来与来自众多领域的领导者进行多次讨论的结果。本书的经纪人是托马斯·弗兰纳里（Thomas Flannery），编辑为黛安·里维尔（Diane Reverand），两人都负责指导本书的出版。尽管为这些规则做出贡献的人太多，无法在此一一列举，但我们在此要感谢一些发挥了最大影响的领导者。他们包括：前陆军语言学项目主任查尔斯·斯坎伦少将（Major General Charles Scanlon）；BigTentCare.Com 首席运营官及联合创始人、联邦出版社前副总裁兰尼·惠特洛克（Laney Whitlock）；尚兹教学医院首席执行官爱德华·希门尼斯（Edward Jimenez）；TRW 流体力学集团前 IT 总监迈克尔·布格顿（Michael Boughton）；佛罗里达大学沃灵顿商学院院长约翰·克拉夫特（John Kraft）；沃灵顿商学院管理系主任罗伯特·托马斯（Robert Thomas）；Dyax 前研发副总裁、Biogen

前研发副总裁伯特·阿德尔曼（Burt Adelman）；新墨西哥大学癌症中心主任兼首席执行官谢丽尔·威尔曼（Cheryl Willman）；美国血液学会执行理事玛莎·利格特（Martha Liggett）；约旦国际援助中心联合主任、帕洛阿尔托无家可归者收容所医疗主任爱德华·崔（Edward Choi）；健康科学副总裁、纽约州立大学石溪分校医学院院长肯·考辛斯基（Ken Kaushansky）；詹姆斯癌症医院和Solove研究所首席执行官、俄亥俄州立大学综合癌症中心主任，Zivena and Arno Therapeutics联合创始人迈克尔·卡利朱里（Michael Caligiuri）；现任诺华基金会（Novartis Foundation）主任、哈佛医学院前副教授，Acetylon、Shape、Tensha、Syros的联合创始人杰伊·布拉德纳（Jay Bradner）；前《华盛顿邮报》撰稿人和畅销书作家皮特·厄尔利（Pete Early）；哈珀·柯林斯出版集团前高级副总裁兼总编辑黛安·里维尔（Diane Reverand）；AGI Vigliano文学有限责任公司董事大卫·维利亚诺（David Vigliano）；AGI Vigliano文学有限责任公司托马斯·弗兰纳里（Thomas Flannery）；佛罗里达大学健康学院前首席医疗官蒂莫西·弗林（Timothy Flynn）；TRW/Northrup Grumman推进实验室项目经理莱斯·赫罗马斯（Les Hromas）；阿肯色大学医学院院长波普·莫斯利（Pope Moseley）。

佛罗里达大学医学系的领导团队在这本书中也扮演了不可或缺的角色。特别感谢约书亚·赫罗马斯（Joshua Hromas）编辑了手稿，医学博士埃里克·希尔根费尔特（Eric Hilgenfeldt）和医学博士约书亚·克拉默（Joshua Kramer）阅读了手稿。

资料来源及参考文献

关于爱因斯坦、弗莱克斯纳和 IAS 相关事件的主要来源：《爱因斯坦：他的生活和时间》，罗纳德·克拉克（Ronald Clark）；《打破成规：亚伯拉罕·弗莱克斯纳和他的学习生活》，托马斯·内维尔·邦纳（Thomas Neville Bonner）；《追求天才：弗莱克斯纳、爱因斯坦和高等研究院的早期教师》，史蒂夫·巴特森（Steve Batterson）；《爱因斯坦：他的生命和宇宙》，及《爱因斯坦：天才的一生》，沃尔特·艾萨克森（Walter Isaacson）；《亚伯拉罕·弗莱克斯纳：自传》，亚伯拉罕·弗莱克斯纳与艾伦·内文斯（Allan Nevins）合著；《高等研究院的历史：1930—1950》，比阿特丽斯·斯特恩（Beatrice Stern）。普林斯顿大学已经公开了爱因斯坦的大量论文，请登录网址 http://einsteinpapers.press.princeton.edu/ 查阅。

出版后记

在科技发达的现代社会，技术创新在很大程度上要依靠那些非常聪明的天才。这些天才能突破现有的知识边界，创造出巨大的飞跃。科技进步日新月异，以至于工程、计算机、生物医学等领域，技术一旦被发明就已经过时了。因此，在白热化的竞争中，卓越的组织不得不招聘更多的天才，去发明下一个新事物，以避免被淘汰。

大多数的技术创新都需要整合不同领域的知识，这非一人之力所能成就。换言之，技术创新需要众多不同领域的天才通力合作才能完成，因此将天才们组建成一个团队至关重要。然而，一个天才便是一个"将军"，如何管理一支由"将军"组成的团队？

天才们通常沉浸于自我的世界，专注于自己的研究领域；天才们通常思维发散，在发散的信息中来回跳跃思考。这两项特质决定了天才很难成为传统的合作者，他们的思维逻辑不容易被理解。传统的管理模式只会压制天才的潜力，老板需要做的是促进天才和天才的协作，从而涌现出群体的创造性。

本书将管理天才的方法归纳成了10条简单明了的法则。这些法则归纳起来是：其一，老板要放低姿态，坦诚面对天才；其二，老板要明确方向，确保天才们朝着正确的方向前进，但是过程中需要给天才们足够的自由发挥空间；其三，用难题激励天才，充分挖掘其潜力；其四：在个性鲜明的天才们发生冲突之前，依靠情商及时解决问题。

这10条法则是作者的经验之谈。讲述了作为天才的老板需要做的心理准备、应变能力和日常进行团队建设的具体做法。如今，国内正在促进产业升级，企业的产品或者服务技术含量的重要性日益凸显，如何带领一支由高智商、高学历的人才组成团队具有很强的现实意义，希望这本书能给你一些启发。

除此之外，近期出版的好书还有《魔鬼统计学》《操纵心理学》《如何在大学学习》等，敬请关注。

图书在版编目（CIP）数据

爱因斯坦的老板 /(美) 罗伯特·赫罗马斯,(美) 克里斯托弗·赫罗马斯著；林子萱译. -- 北京：九州出版社，2020.10
　　ISBN 978-7-5108-9354-4

Ⅰ.①爱… Ⅱ.①罗… ②克… ③林… Ⅲ.①企业管理—研究 Ⅳ.①F272

中国版本图书馆CIP数据核字(2020)第153469号

Copyright © 2018 Robert Hromas
Published by arrangement with HarperCollins Leadership, a division of Harpercollins Focus, LLC.
All rights reserved.
Simplified Chinese translation copyright 2020 by Ginkgo(Beijing) Book Co., Ltd.

著作权合同登记号：01-2020-5402

爱因斯坦的老板

作　　者	［美］罗伯特·赫罗马斯，克里斯托弗·赫罗马斯 著　林子萱 译
责任编辑	周　昕
封面设计	墨白空间·张静涵
出版发行	九州出版社
地　　址	北京市西城区阜外大街甲35号（100037）
发行电话	（010）68992190/3/5/6
网　　址	www.jiuzhoupress.com
电子信箱	jiuzhou@jiuzhoupress.com
印　　刷	华睿林（天津）印刷有限公司
开　　本	889毫米×1194毫米　32开
印　　张	8.5
字　　数	140千字
版　　次	2021年3月第1版
印　　次	2021年3月第1次印刷
书　　号	ISBN 978-7-5108-9354-4
定　　价	49.80元

★ 版权所有　侵权必究 ★